건식 쌀가루로 떡 만들기

이준원 지음 성지영 요리

한살림

차례

Part.1

떡을 만들기 전에
꼭 알아야 할 것들

1. 떡 만들기 도구 살펴보기   10
2. 건식과 습식 쌀가루의 차이점   12
3. 떡 만들기 전 알아두기   14
4. 떡 보관법과 남은 떡 활용법   16
5. 고물 만들기   18

Part.2

동글동글
경단

1. 삼색경단   26
2. 블루베리경단   30
3. 꿀물경단   34
4. 수수팥경단   38
5. 초코단자   42
6. 오메기떡   48
7. 마율무경단   54

책을 펴내며

서로를 이어주고
환대와 정을 나누는 떡   4

Part.3

쫄깃쫄깃 찰떡

1. 군고구마인절미	62
2. 딸기인절미	66
3. 홍삼인절미	70
4. 단호박말이떡	74
5. 모듬찰떡	80
6. 흑임자구름떡	86
7. 과일찹쌀떡	92

Part.4

포실포실 설기

1. 녹차설기	100
2. 단호박설기	106
3. 딸기설기	112
4. 백설기	118
5. 팥설기	124
6. 팥시루떡	130
7. 쏘노설기	136

Part.5

올망졸망 빚는 떡

1. 개피떡	144
2. 고구마송편	150
3. 모양송편	156
4. 손절편	168
5. 쑥갠떡	174
6. 알꿀떡	180

건강한 떡 만들기 주요 재료	186

책을 펴내며

서로를 이어주고 환대와 정을 나누는 떡

떡에는 우리의 역사와 문화, 조상들의 살아온 모습과 지혜가 담겨 있다. '밥 위에 떡'이라는 말이 있듯이 아무리 배가 불러도 떡을 마다하지 않았을 만큼 떡은 우리 민족의 삶 그 자체였다.

백일, 돌, 생일, 혼례, 잔치, 장례, 그리도 제사에 이르기까지 중요한 통과의례마다 절대 빠지지 않았던 떡은 우리네 정서와 지혜가 더해져 생활과 의식 속에 깊숙이 들어앉아 늘 함께해 왔다.

때마다 다른 떡을 먹으며 풍년과 무사 안녕, 무병장수를 빌었고, 사람과 사람을 이어주고, 기쁨과 슬픔을 함께 나누는 매개체가 되어 주었다.

맛에 추억이 더해지는 음식이 오래 기억이 되듯 떡에도 저마다의 이야기가 담겨 있다.

신라 제3대 왕인 유리이사금은 떡에 난 잇자국으로 왕이 되었고, 신라의 백결선생은 떡 만들 쌀이 없어 가야금으로 떡방아 소리를 내어 부인을 위로했다는 설화가 지금까지 전해져오듯이 떡은 우리 삶에서 떼려야 뗄 수 없을 만큼 소중한 존재로 함께 해 왔다.

예로부터 전해져오는 떡만도 200여 가지에 이르는데 지금 우리가 보고 먹어본 떡들은 극히 일부에 불과하다.

보통 떡은 조리법에 따라 찌는 떡(백설기, 시루떡 등), 삶는 떡(삼색경단, 두텁단자 등), 치는 떡(인절미, 절편 등), 지지는 떡(화전, 주악, 부꾸미 등)으로 나뉜다. 이 네 가지 조리법에 다시 어떤 재료를 첨가하느냐에 따라 다양한 떡들이 만들어지게 된다. 백설기에 잣을 섞으면 잣설기가, 인절미에 홍삼을 섞으면 홍삼인절미가 되는 것처럼 새로운 재료들의 조합으로 떡은 수많은 모습으로 새롭게 태어난다.

이처럼 떡은 종류도 많거니와 맛과 영양, 질감과 향을 위한 배합이 과학적이고 절묘해 만드는 방법에 따라 모양과 맛이 자유자재로 변신한다는 평을 받고 있다.

이 책에서 소개하는 떡은 많은 재료가 필요하지 않고, 찜솥 하나만 있으면 누구나 어렵지 않게 만들 수 있다. 대부분의 재료가 곡물과 과채류라 거뜬한 한 끼 식사 대용이나 영양 가득한 간식은 물론, 사랑과 정성스러운 특별한 날의 음식으로도 더할 나위 없이 좋은 먹을거리다.

'떡도 먹어 본 사람이 먹는다'고 전국에 이름난 떡을 찾아다니고 나만의 떡을 연구하면서 지난 10여 년간 한살림 조합원, 일반인, 학생들에게 직접 만들어 보고 맛볼 수 있는 떡 만들기 체험 프로그램을 진행해오고 있다.

떡 만들기 체험프로그램에 참가한 이들을 살펴보면 밀가루를 먹지 못하는 아이를 위해, 건강한 간식을 직접 만들기 위해, 가족을 위한 떡케이크이나 잔치떡을 직접 만들기 위해, 간편 식사 대용 떡을 만들기 위해, 떡문화를 체험하기 위해 배우려는 경우가 많다.

다양한 세대들과의 떡을 통한 오랜 소통 덕에 내국인은 물론 외국인들에게도 우리의 자랑스런 떡문화를 알리고, 잊혀져가는 떡문화를 되살리는데 조금이나마 일조했다고 자부한다.

하지만 늘 바쁘다는 핑계로, 준비가 번거롭고, 만들기 어렵다는 이유로, 식생활이 서구화되고, 소가족과 외식문화, 다른 먹을거리가 늘어나면서 안타깝게도 떡은 점점 더 설 자리를 잃어가

책을 펴내며

고 있다. 이와 함께 한국인의 주식이자 풍요와 다산의 상징이었던 쌀 소비와 생산면적 역시 해마다 줄어들고 있다.

오랫동안 떡 강좌를 진행하면서도 '떡을 배우고도 왜 자주 만들어 먹지 못하는 걸까?'라는 의문이 늘 가슴 한 켠에 남아 있었다. 그러던 중 그 이유를 교육생들로부터 들을 수 있었다. 가장 큰 이유는 쌀을 불리고, 물기를 빼고, 방앗간에서 쌀가루로 만들고, 소분한 뒤 냉동실에 보관하기까지 너무나 수고스러운 과정에 있었다. 또, 방학을 이용해 한국에서 습식 쌀가루로 떡을 배워간 교포들이나 유학생들의 공통된 떡 만들기 실패담은 습식 쌀가루를 구하기 어려운 현지 사정으로 건식 쌀가루를 이용한 것에 있었다.

이에 떡은 만들기 어렵다는 편견을 깨고, 준비과정이 번거로운 습식 쌀가루 대신 시중에서 쉽게 구할 수 있는 건식 쌀가루와 가공된 부재료들을 활용해 특별한 도구나 솜씨가 없어도 따라 하다 보면 어렵지 않게 만들 수 있는 떡요리책을 내놓게 되었다.

이 책에는 한 끼 식사로도 거뜬하고 영양까지 풍부한 동글동글한 경단, 쫄깃쫄깃한 찰떡, 포실포실한 설기, 올망졸망한 빚는 떡 등 크게 네 가지 떡류, 스물 일곱 가지의 다양한 떡들을 누구나 쉽게 만들 수 있게 단계마다 자세한 설명과 알기 쉬운 사진과 실패를 줄여주는 주의사항과 깨알 팁까지 꼼꼼하게 담았다.

여기에 늘 곁에 두고 바로 찾아볼 수 있는 떡요리책이 될 수 있도록 떡을 만드는데 필요한 도구와 재료, 고물 만들기 방법, 떡 보관법과 남은 떡 활용법, 떡 만들기 전 알아두기 등의 정보까지 꼼꼼하게 담아 떡을 처음 만드는 이들에게는 친절한 지침서가,

떡 마니아에게는 새로운 떡을 체험해 볼 수 있는 재미있는 안내서가 될 수 있도록 했다.

TV와 SNS의 먹방(먹는 방송)과 한류의 영향으로 한식과 다양한 먹을거리, 외식, 간편식 등의 인기는 갈수록 높아지고 있다. 하지만 우리떡은 특별한 날에만 접할 수 있는 음식, 우리 아이들에게는 그저 사주고, 이야기로만 들려주는 잊혀져가는 음식이 되지는 않을까 걱정스럽다.

우리네 조상들이 그랬듯이 떡이 가족과 이웃을 이어주는 소통과 환대와 정을 나누는 소중한 매개체가 되어 주었으면 하는 바람이다. 조금은 투박하고 세련되지 못해도 떡 만들기를 통해 서로의 얼굴을 마주하고, 맛과 기쁨과 정을 나누는 이들이 많아지길 꿈꿔 본다.

건강하고 정성이 가득 담긴 떡을 직접 만들어 보기 위해 지금도 떡 만들기 체험프로그램을 신청하고, 나를 찾는 곳이 있는 한 많은 사람들과 오랫동안 가슴에 기억될 떡 만들기는 쉼 없이 이어질 것이다.

이준원
한국떡연구소, 떡요리연구가

Part.1

떡을
만들기 전에
꼭 알아야 할
것들

1. 떡 만들기 도구 살펴보기
2. 건식과 습식 쌀가루의 차이점
3. 떡 만들기 전 알아두기
4. 떡 보관법과 남은 떡 활용법
5. 고물 만들기
   - 녹두고물
   - 카스텔라고물
   - 팥고물
   - 팥앙금
   - 흑임자고물

떡 만들기 도구 살펴보기

1 대나무 찜기 시루에 비해 가볍고 떡을 찔 때 수분을 흡수하기 때문에 뚜껑에 마른 보자기를 감싸 주지 않아도 돼 편리하다. 떡 이외에도 다양하게 활용하기 좋다. 집에 있는 일반 찜기를 사용할 때는 뚜껑에 마른 보자기를 감싸주어야 떡에 물방울이 떨어지지 않는다. 대나무 찜기는 바람이 부는 곳에서 잘 말려둬야 곰팡이가 생기지 않는다. 대나무 찜기를 구매할 때는 지름이 25cm 정도가 적당하다.

2 실리콘 시루밑 시루밑은 쌀가루가 찜기 아래로 떨어지지 않게 하는 역할을 한다. 식품용으로 만들어진 실리콘 시루밑은 열에 강하고 세척과 보관이 편리하다. 면보자기로 할 경우에는 물에 적셔서 사용하고 설탕을 뿌리고 쌀가루를 올리면 면보자기와 떡이 잘 분리가 된다.

3 스테인리스 볼 쌀가루와 부재료를 섞을 때 사용하며 절구 대신 떡을 치댈 때도 편리하다. 설기를 만들 때 쌀가루를 체에 내리기 때문에 체보다 큰 스테인리스 볼을 준비한다.

4 물솥 대나무 찜기에 맞게 만들어져 떡을 찔 때 김이 새는 것을 막아주고 깊이가 있어 끓는 물이 떡에 튀는 것을 방지해준다. 집에 있는 냄비를 사용할 때는 깊이가 있는 냄비를 사용하고 물의 양도 물이 튀지 않을 만큼만 넣고 끓여준다.

떡을 만들기 전에 꼭 알아야 할 것들

5 유리용기 떡을 찌고 난 뒤 모양을 잡으면서 식혀줄 때 사용한다. 쪄낸 떡이 뜨겁기 때문에 유리나 스테인리스 용기를 사용하는데 뚜껑을 덮고 식혀야 수분 손실이 없다.

6 타이머 떡은 보통 20분 정도 찌게 된다. 너무 오래 찌게 되면 떡이 질어지기 때문에 타이머를 사용하면 편리하다. 타이머 구입이 부담스럽다면 스마트폰에 있는 타이머를 이용해도 좋다.

7 스테인리스 체 쌀가루에 수분을 주면 질어져 고운체에는 내려가지 않아 중간체(2mm)를 준비한다. 스테인리스 체는 큰 사이즈를 준비해야 손으로 저어가며 쌀가루를 내리기 편리하다.

8 모양틀(무스링) 떡케이크의 모양을 만드는 용도로 사용한다. 다양한 모양이 있으며 스테인리스 소재가 관리가 편리하다. 모양틀이 없을 때에는 종이를 이용해 모양띠를 만들어 사용해도 된다.

9 전자저울 정확한 계량을 위해 전자저울을 사용한다. 무게 2kg까지, 1g 단위의 계량이 되는 제품이 좋다.

10 밀대 반죽을 고르게 펴서 만들 때나, 떡을 치댈 때도 사용한다. 잣가루처럼 가루를 만들 때도 편리하다.

11 붓 떡은 도구와 잘 달라붙기 때문에 붓을 이용해 얇게 기름칠을 해줘야 한다. 플라스틱 붓이 사용과 보관하기 좋다.

12 스크래퍼 떡케이크의 윗면을 평평하게 정리하고, 떡을 치댈 때 스테인리스 볼에 달라붙은 떡을 떼내기 편리하다. 쫀득한 떡을 자를 때도 달라붙지 않아 좋다.

건식과 습식 쌀가루의 차이점

건식 쌀가루는 쌀 가공 시 열에 의한 손상은 있으나 입자와 수분량이 일정하여 떡 만들기에 가장 중요한 수분양을 조절하기가 한결 쉽다. 또한 건식 쌀가루는 변질 우려가 적어 유통이 쉽고 유통기한 또한 길어 보관하기도 편리하다.

❶ 건식가루
❷ 습식가루

구분	❶ 건식가루	❷ 습식가루
제분 방법	마른 쌀을 바로 제분	물에 불린 뒤 물기를 뺀 후 제분
가루 입자	입자가 매우 고움	입자가 거침
수분 흡수율	수분 흡수율이 낮음	수분 흡수율이 높음
유통기한	유통기한이 길며 실온보관	유통기한이 짧으며 냉동보관
떡의 식감	부드럽고 폭신한 식감	쫀득하고 촉촉한 식감
떡의 노화	습식에 비해 빠름	건식에 비해 느림

쌀을 씻어 5시간 이상 물에 불린 후 20분간 물기를 빼고, 방앗간에 가서 습식 쌀가루로 만들면 건식 쌀가루보다 더 나은 식감을 주지만 이 모든 과정의 수고스러움을 감수할 만큼의 큰 차이는 아니라는 게 개인적인 생각이다.

이 책에서는 한살림에서 판매하는 유기농 쌀가루를 주로 사용했다. 시중에 팔지 않는 일부 재료들은 직접 만들었고, 대부분의 부재료들은 시중에서 판매하는 가공된 재료들을 사용했다.

떡은 특별한 재료와 도구들을 필요로 하지 않는 편이다. 큰맘 먹고 많은 준비를 거쳐 만드는 떡이 아니라 냉장고에 있는 재료들을 활용해 생각날 때마다 누구나 쉽게 만들 수 있는 떡, 최소한의 색과 장식들만으로도 멋스러운 떡을 만들 수 있도록 했다.

건식 쌀가루는 수분 흡수율이 낮아 수분을 주고 흡수되는 시간이 길수록 좋으며, 찌는 시간도 습식 쌀가루에 비해 오래 찔수록 쫀득한 떡이 된다. 습식 쌀가루로 만든 떡보다 노화가 빠르기 때문에 가급적 만든 날 모두 드시길 권한다.

떡 만들기 전 알아두기

❶ 계량   계량은 전자저울을 사용하고, 계량단위는 그램(g)으로 표기했다. 스푼은 일반 숟가락과 티스푼을 이용하였으며 표기는 아래와 같다.

T – 큰술(밥숟가락 기준)   t - 작은술(티스푼 기준)

숟가락에 재료를 평평하게 담아야 정확히 계량할 수 있다.

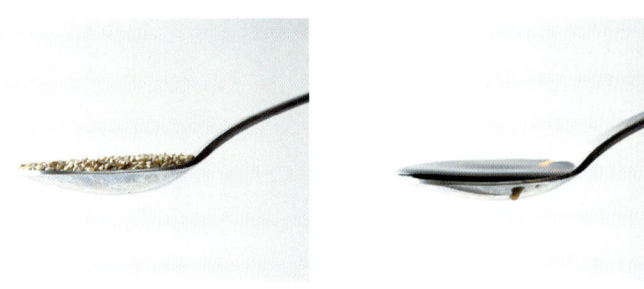

❷ 주재료   주재료인 쌀가루는 건식을 이용하기 때문에 물을 섞고 난 뒤 쌀가루가 충분히 물을 흡수할 시간을 줘야 한다. 절편이나 경단은 20분 이상, 설기는 최소 1시간 이상의 시간을 줘야 떡이 쫄깃하고 노화가 느리게 된다.

❸ 부재료   대부분의 부재료들은 시중에서 판매하는 손질된 재료들을 사용했다. 시중에서 구하기 어려운 고물들은 이 책 18쪽에 간편하게 만드는 법을 소개해 놓았다.

알록달록 화려한 색으로 만들다 보면 첨가물이 사용되기 때문에 재료에서 생긴 기본적인 색들로 만들었다. 좀 더 화려한 떡을 원한다면 야채나 과일의 즙을 이용하거나 인터넷 쇼핑몰을 통해 천연 식용색소를 구매해 사용해도 좋다.

❹ 떡 만들기 기본 Tip

- 떡을 찔 때는 물이 팔팔 끓을 때 떡 반죽을 냄비에 올려 쪄야 떡이 질어지지 않는다.
- 냄비에 물이 너무 많으면 끓으면서 떡에 물이 튀어 오를 수 있으니 냄비 깊이에 따라 물을 조절한다.
- 대부분의 떡은 20분 정도 찌는데 너무 오래 찌면 떡이 질어진다.
- 설기를 찔 때 설탕을 미리 넣으면 쌀가루가 질어져 체에 내리기 힘들어지니 찜기에 쌀가루를 담기 직전에 설탕을 넣어 주는 게 좋다.
- 떡케이크를 만들 때 스테인리스 모양틀을 이용하는데, 열전도율이 좋아 쌀가루가 닿는 부분이 마르기 때문에 떡을 찌고 5분 정도가 지나면 모양틀을 미리 제거해 주는 것이 좋다.
- 이 책에서 사용한 모양틀의 크기는 높이 5cm, 지름 12cm이다.
- 재료의 맛을 느끼기 위해 시중에 파는 떡보다 설탕양을 적게 넣었다. 따라서 개인 취향에 따라 조리법을 만들어 보는 것도 좋다.
- 떡을 만드는데 많은 도구가 필요하지는 않지만 대나무 찜기와 전자저울은 기본적으로 사용하길 권한다.

떡 보관법과 남은 떡 활용법

떡의 유통기한은 1일을 원칙으로 하고 있다. 멥쌀가루로 만든 설기떡류·송편류의 떡은 8~12시간 정도, 찹쌀가루로 만든 인절미·경단·찰떡·구름떡·약식 등은 대략 1~2일 정도 지나면 굳어진다. 따라서 만든 지 하루 내에 먹을 떡은 밀폐용기에 담아 20℃ 이하의 상온에서 보관하는 게 좋다. 여름철이나 온도가 높은 곳에 보관하면 하루가 지나면 변질될 우려가 있으므로 주의해야 한다.

남은 떡 보관법

남은 떡을 오랫동안 보관하면서 맛있게 먹으려면 냉동 보관(-18℃ 이하)하는 게 좋다.

　　　밀폐 냉동 보관한 떡은 시간이 갈수록 수분이 줄어들고 맛이 변할 수 있으니 너무 오래 보관하지 않도록 한다.

❶ 남은 떡은 한번에 먹을 만큼씩 나눈다.
❷ 소분해 놓은 떡은 습기나 냄새가 배지 않도록 위생비닐랩으로 감싸거나 지퍼백에 담아 밀봉 후 밀폐용기에 담아 냉동 보관한다.
❸ 하나씩 꺼내 먹기 편하도록 위생비닐랩에 소분 보관할 경우는 다음과 같이 하면 한결 편리하다.

　(가) 남은 떡은 한 입 크기, 또는 한번에 먹을 만큼씩 적당히 자른다.
　(나) 펼쳐 놓은 위생비닐랩 위에 적당히 거리를 띄운 채 자른 떡을 올리고 김밥 말 듯이 감싼다.
　(다) 다시 그 앞에 자른 떡을 놓고 감아주는 작업을 반복한다. 이러면 떡끼리 서로 붙지 않게 된다.
　(라) 다 감은 떡을 반으로 접고, 비닐랩의 접힌 부분을 가위로 자른다.
　(마) 포장된 떡들을 밀폐용기에 담아 냉동 보관한다.

떡 해동법과 활용법

- 떡 먹기 30분 전에 냉동실에서 꺼내 상온에서 자연 해동하면 된다.
- 냉동했던 백설기나 시루떡은 실온에서 해동 후 김이 오른 찜기에 5분 정도 쪄서 먹으면 좋다.
- 냉동 절편이나 찹쌀떡 등은 위생지퍼백 속에 넣고 보온밥통에 약간의 뜨거운 물을 붓고 1시간 정도 넣어두면 말랑말랑한 원래 상태로 돌아온다. 이때 수분이 너무 없어 마른 부분이 있다면 위생지퍼백을 열어서 공기가 통하게 하고, 마른 부분에 뜨거운 물을 조금 뿌려서 보온밥통에서 해동과 보온을 거치면 부드러워진다.
- 냉동 설기류 떡은 떡에 분무기로 물을 골고루 뿌려서 전자레인지에 30초~1분가량 해동시키면 갓 만든 떡처럼 부드러워진다.
- 고물이 없는 설기는 우유와 함께 끓여 타락죽으로 활용하면 한 끼 대용으로 좋다.
- 절편이나 찰떡류는 버터나 기름을 두른 팬에 노릇노릇 구워서 잼이나 소스를 곁들이면 색다르게 먹을 수 있다.

고물 만들기

경단·단자·인절미 등의 겉에 묻히거나 시루떡의 켜와 켜 사이에 얹는 가루를 고물이라 한다. 고물은 떡의 맛과 영양을 높여주며, 떡을 쉽게 익게 하고 서로 달라붙지 않게 해준다.

고물로는 콩·팥·녹두·동부·참깨·검은깨 등이 주로 쓰이는데, 계절에 따라 이용하는 종류가 다르다. 겨울에는 팥고물·녹두고물 등을 주로 쓰고, 여름에는 잘 상하지 않는 콩고물·깨고물을 쓴다.

녹두고물

녹두는 단백질과 식이섬유, 무기질 함량이 높고 나트륨을 몸 밖으로 배출하게 하여 고혈압이나 부종에 효과적이며 해독작용을 하는 아미노산 성분이 함유되어 있다.

조리 난이도 중 **조리시간** 5시간 **조리도구** 스테인리스 볼, 찜기, 물솥, 중간체

재료
깐녹두 500g, 소금 5g

조리법

1. 녹두는 깨끗이 씻어서 4시간 이상 불린다.

2. 불린 녹두는 양손으로 비벼서 껍질을 벗긴 다음 체를 이용하여 여러 번 반복하면서 껍질을 제거한다.

❶ **(주의)** 새로운 물로 씻는 대신 녹두 불린 물을 재사용해야 녹두에 구수한 맛이 남아 있게 된다.

마지막으로 깨끗한 물로 씻고 찜기에 시루밑을 깔고 녹두를 담는다.

끓는 물에 찜기를 올리고 30분 정도 찐다.

손으로 으깨어 보아서 부드럽게 으깨질 때까지 찐다.

다 익은 녹두는 스테인리스 볼에 담고 소금을 넣어 골고루 섞으며 식힌다.

온기가 있을 때 방아로 찧는다.

주의점

1.
재물씻기 – 녹두를 불린 물을 재사용하는 것을 말한다. 재물로 씻어야 녹두껍질이 위로 잘 떠올라 껍질을 분리하기가 편하고 녹두에 구수한 맛도 남아 있게 된다.

2.
한여름에는 녹두가 상할 수 있어 물을 여러 번 갈아주면서 불린다.

중간체에 내린다.

소분해 담고 냉동 보관한다.

건식 쌀가루로 떡 만들기

카스텔라고물

무농약 우리밀은 물론 우유, 버터, 계란 등 국내산 원재료로 만들었다.

조리 난이도 **하** 조리시간 **10분** 조리도구 **커터**

재료

카스텔라 100g

조리법

1 카스텔라에 색이 짙은 부분을 칼로 제거한다.

2 커터에 카스텔라를 작게 조각내어 곱게 간다.

3 필요에 따라 각종 가루를 섞어 다양한 맛과 색을 낼 수 있다.

블루베리고물

4

초코고물

팥고물

예로부터 질병을 쫓는 식품인 팥은 노폐물을 몸 밖으로 배출시키는 효능이 있다.

조리 난이도 중 **조리시간** 90분 **조리도구** 스테인리스 볼, 냄비

재료

붉은팥 1kg, 소금 10g

조리법

1. 팥을 깨끗이 씻어 냄비에 담고 물을 자작하게 부어 끓인다.

2. 물이 끓으면 첫물을 버린다.
❗ (Tip) 사포닌 속에 있는 쓴맛과 소화를 방해하는 성분을 제거한다.

3. 다시 팥의 1.5배 정도의 물을 넣고 센불로 끓이다가 끓으면 낮은 불로 40분 정도 삶는다.
❗ (Tip) 팥을 손으로 눌러 보아 심이 약간 남도록 익으면 완성이다.

4. 다 익은 팥은 수분이 날아가도록 낮은 불로 5분 정도 뜸을 들인다.

5. 완성된 팥은 남은 물을 버리고 스테인리스 볼에 넣어 까불어서 수분을 날리면서 식힌다.

6. 준비된 소금을 넣고 방아로 뽀얀 가루가 날 정도로만 찧는다.

주의점

1. 팥은 잘 상하기 때문에 꼭 냉동 보관해야 한다.
2. 팥을 삶을 때는 중간중간 확인하여 물이 부족하면 추가해 주면서 삶는다. 만약 팥이 조금이라도 타게 되면 냄새가 번져 다 못쓰게 되니 주의하도록 한다.

7. 소분해 냉동 보관한다.

팥앙금

팥고물에 설탕을 넣어 조리면 팥앙금이 된다. 취향에 따라 계피가루나 견과류를 첨가해도 된다.

조리 난이도 하 조리시간 30분 조리도구 냄비

재료

팥고물 500g, 설탕 250g, 올리고당 10g

조리법

1

2

팥고물과 설탕을 냄비에 넣고 섞는다.
❶ (주의) 처음에는 팥이 탈 것 같지만 설탕이 녹으면서 수분이 많아진다.

설탕이 녹으면서 생긴 윤기가 없어질 때까지 저어가며 졸인다. ❶ (주의) 팥이 튈 수 있으니 중약불로 서서히 졸인다.

3

윤기가 사라지면 불을 끄고 올리고당을 섞는다.
❶ (Tip) 윤기가 사라져도 수분이 많아 보이지만 식으면 앙금 형태가 된다.

4

충분히 식힌 후 소분해 냉동 보관한다.

주의점

1. 취향에 따라 계피가루를 넣어도 된다.
2. 설탕양을 늘리고 앙금보다 조금 덜 조리면 팥빙수용 팥이 된다.
3. 팥앙금 만들기가 번거로우면 판매용 팥빙수 팥을 마른 팬에서 수분을 날리고 사용해도 된다.

흑임자고물

두뇌 활동을 좋게 하고 근육과 뼈를 강화시키는 효능이 있다.

조리 난이도 하 **조리시간** 20분 **조리도구** 프라이팬, 커터

재료

흑임자 100g, 소금 1g

조리법

흐르는 물에 흑임자를 체에 받쳐 씻고 마른 팬에 약불로 천천히 볶는다.

❶ (Tip) 깨가 한 두 개씩 튀어 오를 때까지 볶는다.

커터에 볶은깨와 소금을 넣고 곱게 간다.

기름이 생겨 뭉쳐지니 냉동 보관한다.

주의점

흑임자는 통째로 먹기보다 갈아서 먹어야 효과가 좋다.

건식 쌀가루로 떡 만들기

Part.2

동글 동글 경단

찹쌀가루를 끓는 물로 익반죽하여 먹기 좋도록 밤톨만 한 크기로 동글동글하게 빚어 끓는 물에 삶아 익힌 뒤 여러 가지 고물을 묻혀서 만든 경단(瓊團)의 한자표기는 '구슬 경(瓊)', '둥글 단(團)'으로 구슬처럼 둥근 떡을 말한다.
고물로는 콩가루·계핏가루·깨·잣·팥·석이채·대추채·밤채 등이 쓰였고, 묻혀내는 고물에 따라 다양한 이름이 붙여졌다. 경단은 평소에도 만들어 먹었지만 특히 백일상, 돌상처럼 경사스러운 날에 만들어 먹었다.

1. 삼색경단
2. 블루베리경단
3. 꿀물경단
4. 수수팥경단
5. 초코단자
6. 오메기떡
7. 마율무경단

삼색경단

삼색경단

찹쌀가루를 익반죽하여 둥글게 빚고 끓는 물에 삶아서 익혀낸 경단은 다양한 고물로 묻혀낸다. 고물에 따라 다양한 이름이 붙여지는데 그 종류에는 콩가루경단, 깨경단, 대추경단, 팥경단, 밤경단, 파래경단 등이 있다.

조리 난이도 하 **조리시간** 30분 (반죽 휴지시간 제외) **조리분량** 3인분
조리도구 스테인리스 볼, 냄비, 체

재료

찹쌀가루 200g, 뜨거운 물 140g, 소금 2g, 설탕 25g,
고물 카스텔라 50g(½개), 콩가루 2T, 흑임자가루 2T

조리법

1 찹쌀가루에 소금과 설탕을 넣고 골고루 섞는다.

2-1 ❶에 뜨거운 물을 넣고 **익반죽***을 한다.
❗ (주의) 질지 않고 말랑말랑할 정도로 물은 여러 번 나눠 넣어 준다.

2-2

3 반죽을 비닐봉지에 넣어 20분간 휴지시킨다.

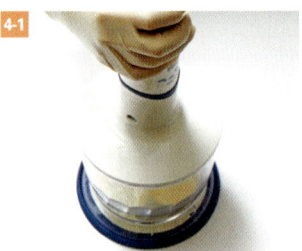
4-1 반죽을 휴지시키는 동안 카스텔라의 색이 진한 부분을 잘라내고 나머지 부분을 커터로 가루를 만든다.

4-2

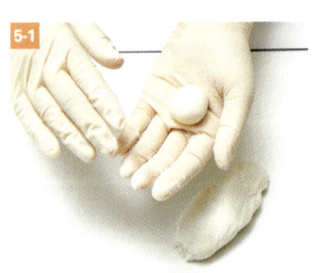
5-1 휴지시킨 반죽을 지름 3cm 정도로 둥글게 빚는다.

5-2

6 끓는 물에 넣어 경단이 떠오를 때까지 삶는다.

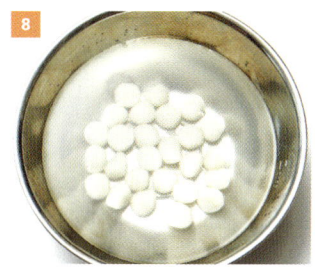

경단이 떠오르면 1분 정도 더 두었다가 체로 건져 차가운 물에 식힌다.

경단을 손으로 건져서 만졌을 때 온기가 완전히 없어질 때까지 식힌다.
❶ (주의) 물이 미지근해지면 여러 번 갈아주며 식힌다.

경단이 식을 동안 카스텔라, 콩가루, 흑임자가루를 고물 그릇에 담아 준비한다.

2~3알씩 손으로 건져 물기를 털어서, 준비한 콩가루, 흑임자가루, 카스텔라 고물 그릇에 담는다.
❶ (주의) 경단을 한꺼번에 건져 두면 서로 달라붙는다.

경단은 만지지 말고 그릇을 굴려 가며 고물을 골고루 묻힌다.

조리 Tip!

1. 고물을 묻힐 때 손으로 만지면 손자국이 나서 골고루 묻히지 않는다.
2. 흑임자가루가 없으면 통깨를 이용해도 된다. (흑임자가루는 재료 부분을 참고)
3. 준비된 고물이 없으면 선식이나 미숫가루 등 다양한 고물로 응용할 수 있다.
4. 콩가루는 볶은 콩가루를 구매한다.

* **익반죽** – 뜨거운 물로 반죽하는 것으로, 익반죽을 하면 식감이 쫄깃해진다.

블루베리경단

블루베리경단

안토시아닌이 풍부해 항산화력이 우수한 블루베리잼을 이용하여 고운 색과 맛도 좋은 건강 떡을 간편하게 만들 수 있다.

조리 난이도 하 **조리시간** 30분 (반죽 휴지시간 제외) **조리분량** 3인분
조리도구 스테인리스 볼, 냄비, 체

재료

찹쌀가루 200g, 소금 2g, 설탕 20g, 블루베리잼 100g, 뜨거운 물 120g,
고물 블루베리가루 1t, 카스텔라 100g 1개

조리법

1. 찹쌀가루에 소금과 설탕을 넣고 골고루 섞는다.

2. ❶에 블루베리잼을 넣고 손으로 비벼가며 섞는다.

3-1. ❷에 뜨거운 물을 넣고 익반죽을 한다.
❶ (주의) 질지 않고 말랑말랑할 정도로 물은 여러 번 나눠 넣어 준다.

3-2.

4. 반죽을 비닐봉지에 넣어 20분간 휴지시킨다.

5. 카스텔라의 색이 진한 부분을 잘라내고 커터에 곱게 갈아서 고물로 준비한다.

6-1. 블루베리가루를 넣고 골고루 섞는다.

6-2.

7-1. 휴지시킨 반죽을 지름 3cm 정도로 둥글게 빚는다.

끓는 물에 넣어 경단이 떠오를 때까지 삶는다.

경단이 떠오르면 1분 정도 더 두었다가 체로 건져 차가운 물에 식힌다.

경단을 손으로 건져서 만졌을 때 온기가 완전히 없어질 때까지 식힌다.
❶ (주의) 물이 미지근해지면 여러 번 갈아주며 식힌다.

2~3알씩 손으로 건져 물기를 털어서, 준비한 카스텔라 고물을 묻힌다.
❶ (주의) 경단을 한꺼번에 건져 두면 서로 달라붙는다.

1. ❾번 얼음물을 이용하면 빠른 시간 안에 쫄깃한 떡을 만들 수 있다.
2. ❻ 블루베리가루가 없으면 생략해도 된다.
3. 냉장고 속 다양한 과일잼을 이용하여 여러 가지 색과 맛의 경단으로 응용할 수 있다.

꿀물경단

꿀물경단은 찹쌀가루에 여러 가지 색을 섞어 뜨거운 물로 익반죽하고 반죽을 둥글게 빚어 끓는 물에 삶아 경단을 만든다. 이 색색의 경단을 달콤한 꿀물에 넣어 먹는 떡이다.

조리 난이도 하 **조리시간** 20분 (반죽 휴지시간 제외) **조리분량** 4인분
조리도구 스테인리스 볼, 냄비, 체

재료

찹쌀가루 200g, 뜨거운 물 120g, 소금 2g, 설탕 25g, 찐단호박 25g,
복분자액 15g (2T), 쑥가루 1g (1T), 꿀 3T (꿀물), 물 200g (꿀물), **고명** 잣 1T

조리법

1. 찹쌀가루에 소금과 설탕을 넣고 골고루 섞는다.

2. ❶을 4등분해 찐단호박 25g(노란색), 복분자액 15g(보라색), 쑥가루 1g(초록색)을 섞는다.

3-1. 찐단호박(25g), 복분자액(25g), 쑥가루(35g), 흰쌀가루(35g)에 뜨거운 물을 붓고 익반죽을 한다. ❶ (주의) 질지 않고 말랑말랑할 정도로 물은 여러 번 나눠 넣어 준다.

3-2.

4. 비닐봉지에 반죽을 색깔별로 넣고 20분간 휴지시킨다.

5. 반죽을 휴지시키는 동안 꿀물을 만든다.

6. 휴지시킨 반죽을 지름 2cm 정도로 둥글게 만든다.

7. 끓는 물에 넣어 경단이 떠오를 때까지 삶는다.

8. 경단이 떠오르면 1분 정도 더 두었다가 체로 건져 차가운 물에 식힌다.

경단을 손으로 건져서 만졌을 때 온기가 완전히 없어질 때까지 식힌다.
❶ (주의) 물이 미지근해지면 여러 번 갈아주며 식힌다.

다 식힌 떡은 잣을 박아준다.
❶ (주의) 잣이 떡에서 잘 빠지니 깊숙이 박아준다.

만들어 놓은 꿀물에 넣어 준다.

조리 Tip!
1. ❽번 떡이 떠오르고 1분 정도 뒤야 경단의 속까지 고루 익는다.
2. 꿀물 대신 오미자청을 탄 물에 넣어 먹거나, 과일을 첨가하여 과일화채 형태로 만들어도 좋다.

수수팥경단

수수팥경단

수수팥경단은 수숫가루와 찹쌀가루를 섞어서 만든 경단이다. 수숫가루만으로 만들면 쫄깃한 식감이 부족하다. 백일상과 돌상에 빠지지 않는 이 떡은 귀신이 붉은색을 싫어한다는 풍습에 따라 붉은색의 수숫가루와 붉은 팥고물을 쓰는데, 나쁜 기운을 물리치고 건강하게 자라라는 의미를 담고 있다.

조리 난이도 하 **조리시간** 30분 (반죽 휴지시간 제외) **조리분량** 4인분
조리도구 스테인리스 볼, 냄비, 체

재료

찹쌀가루 100g, 수숫가루 100g, 뜨거운 물 145g, 소금 2g, 설탕 35g, **고물** 팥고물 100g

조리법

1. 찹쌀가루에 소금과 설탕을 넣고 섞는다.

2. ❶에 수숫가루를 골고루 섞는다.

3-1. ❷에 뜨거운 물을 넣고 익반죽을 한다.
❶ (주의) 질지 않고 말랑말랑할 정도로 물은 여러 번 나눠 넣어 준다.

4. 반죽을 비닐봉지에 넣고 20분간 휴지시킨다.

5. 반죽을 휴지시키는 동안 팥고물을 마른 팬에 볶아 수분을 날려서 보송보송하게 준비한다.

6. ❺의 팥을 커터에 갈아서 고운 팥고물을 만든다.

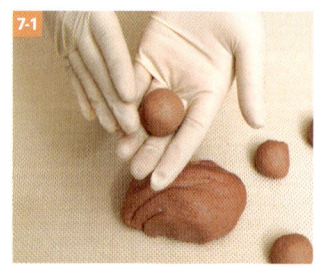

7-1. 휴지시킨 반죽은 지름 2.5cm 정도(14g)로 둥글게 만든다.

끓는 물에 넣어 경단이 떠오를 때까지 삶는다.

경단이 떠오르면 1분 정도 더 두었다가 체로 건져 차가운 물에 식힌다.

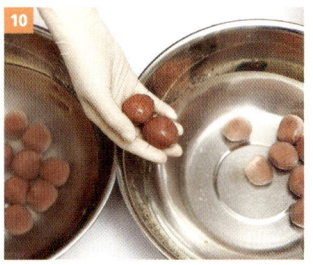

경단을 손으로 건져서 만졌을 때 온기가 완전히 없어질 때까지 식힌다.
❶ (주의) 물이 미지근해지면 여러 번 갈아주며 식힌다.

2~3알씩 손으로 건져 물기를 털어서, 준비한 팥고물을 묻힌다.
❶ (Tip) 떡은 손으로 만지지 말고 그릇을 흔들어서 고물을 묻혀주고 수저로 건져 낸다.

 조리 Tip!
1. 수숫가루가 물을 많이 먹으니 일반 경단보다 물을 조금 더 넣고 반죽을 한 뒤 휴지시킨다.
2. 팥고물은 수분이 많기 때문에 고물로 사용할 때는 꼭 마른 팬에 볶아서 사용한다.
3. 팥고물은 고물 만들기(21쪽)를 참고한다.

초코단자

초코단자

초코단자는 견과류와 초코칩이 소로 들어간 퓨전떡이다. 떡 속에 들어간 코코아는 항산화 기능이 뛰어난 폴리페놀이 들어 있어 피로회복에 좋다고 한다. 찹쌀에 쫄깃한 식감과 달콤한 초코의 맛이 잘 어울리는 떡이다.

조리 난이도 중 **조리시간** 40분 (반죽 휴지시간 제외) **조리분량** 4인분
조리도구 스테인리스 볼, 냄비, 체

재료

찹쌀가루 200g, 소금 2g, 반죽용 코코아가루 5g, 뜨거운 물 145g
소 호두 10g, 아몬드 10g, 초코칩 30g **고물** 카스텔라 ½개 40g, 코코아가루 9g

조리법

1. 찹쌀가루에 소금과 코코아가루 5g을 섞는다.

2-1. 뜨거운 물을 넣고 익반죽을 한다.
❗ (주의) 질지 않고 말랑말랑할 정도로 물은 여러 번 나눠 넣어 준다.

2-2.

3. 반죽을 비닐봉지에 넣고 20분간 휴지시킨다.

4-1. **소 만들기** 호두, 아몬드를 잘게 다지고, 초코칩을 섞어 소를 만든다.

4-2.

5-1. 휴지시킨 반죽을 지름 3cm(25g) 정도로 둥글게 떼어낸다.

5-2. 소를 넣을 부분을 그릇 모양으로 만든다.
❗ (주의) 반죽이 너무 얇으면 삶을 때 잘 터진다.

5-3. 스푼으로 소를 넣고 반죽을 오무려 다시 둥글게 만든다.

조물조물 움켜쥐면서 공기를 빼준다.
❶ (주의) 공기가 있으면 삶을 때 터질 수 있다.

손바닥으로 굴려 표면이 매끈하고 둥글게 만든다.

끓는 물에 넣어 떡이 떠오를 때까지 삶는다.

떡이 익는 동안 카스텔라의 색이 진한 부분을 잘라내고 커터로 고물을 만든다.

카스텔라 고물에 코코아가루(9g)를 골고루 섞어 준비한다.

조리법

단자가 떠오르면 1분 정도 더
두었다가 체로 건져 차가운 물에
식힌다.

단자를 손으로 건져서 만졌을 때
온기가 완전히 없어질 때까지 식힌다.
❶ (주의) 물이 미지근해지면 여러 번
갈아주며 식힌다.

1~2알씩 손으로 건져 물기를 털어서,
준비한 고물에 묻힌다.
❶ (주의) 떡을 한꺼번에 건져 두면 서로
달라붙는다.

떡은 만지지 말고 그릇을 돌려가며
코코아 고물을 묻힌다.

 조리 Tip!

1. 코코아가루는 무가당을 쓰면 훨씬 진한 맛이 난다.
2. 고물에 코코아가루가 떡의 수분을 흡수해 보송보송하게 만들고 고물에 인스턴트 커피를
   첨가하면 떡의 향이 좋아진다.
3. 초코칩이 없으면 시판용 초콜릿을 다져서 사용해도 된다.
4. 너무 센 불에 삶으면 떡이 터질 수 있으니 중간 불에서 익힌다.

오메기떡

오메기떡

오메기떡은 제주도 향토떡으로 차조가루로 떡을 만들어 콩가루나 팥고물을 묻혀 먹는 떡이다. 현대에 와서 찹쌀가루에 쑥이 들어가 초록색 떡 속에 달콤한 팥앙금이 들어간 둥근 모양의 오메기떡으로 변형되었다.

조리 난이도 상 **조리시간** 40분 (반죽 휴지시간 제외) **조리분량** 4인분
조리도구 스테인리스 볼, 냄비, 체

재료

찹쌀가루 200g, 소금 2g, 삶은 차조 20g, 쑥가루 5g, 뜨거운 물 145g,
고물 팥고물 200g, **소** 팥앙금 250g

조리법

찹쌀가루에 삶은 차조와 소금, 쑥가루를 섞는다.

❷에 뜨거운 물을 넣고 익반죽을 한다.
❶ (주의) 질지 않고 말랑말랑할 정도로 물은 여러 번 나눠 넣어 준다.

반죽을 비닐봉지에 넣고 20분간 휴지시킨다.

팥앙금을 지름 3cm(15g) 정도로 둥글게 소를 만든다.

팥고물은 마른 팬에 볶아 수분을 날린다.

휴지시킨 반죽을 지름 4cm(30g) 정도로 둥글게 떼어낸다.

6-2
소를 넣을 자리를 오목하게 만든다.

6-3
소를 넣고 반죽을 양방향에서 오므리고, 다시 둥글게 만든다.

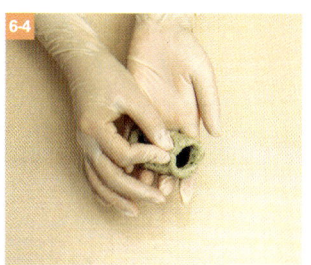
6-4

6-5

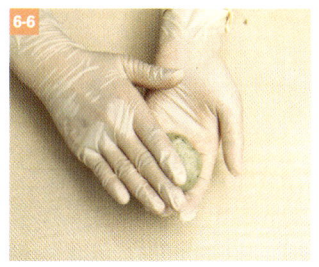
6-6

6-7
떡을 조물조물하면서 떡 속 공기를 빼준다.
❶ (Tip) 공기가 남아 있으면 끓는 물에 익는 동안 터질 수 있다.

6-8
손바닥에서 둥글게 굴려 표면을 매끈하게 만든다.
❶ (주의) 표면에 주름이 있으면 삶을 때 터질 수 있다.

7
끓는 물에 넣어 떡이 떠오를 때까지 삶는다.
❶ (주의) 너무 센 불에 삶으면 떡이 터질 수 있으니 중간 불에서 삶는다.

8
떡이 떠오르면 1분 정도 더 두었다가 체로 건져 차가운 물에 식힌다.

조리법

떡을 손으로 건져서 만졌을 때 온기가 완전히 없어질 때까지 식힌다.
❶ (주의) 물이 미지근해지면 여러 번 갈아주며 식힌다.

2알씩 손으로 건져 물기를 털어준 다음 준비한 팥고물을 묻힌다.
❶ (주의) 떡을 한꺼번에 건져 두면 서로 달라붙는다.

조리 Tip!

1. ❺번 팥고물에 수분이 많으면 떡에 골고루 묻지 않고, 떡이 질어진다.
   (팥소와 팥고물은 앞페이지 참조)
2. 차조는 소금을 넣은 끓는 물에 10분 정도 삶아서 준비한다. 없으면 생략해도 된다.

건식 쌀가루로 떡 만들기

마율무경단

마율무경단

피부 미용과 피로회복에 좋은 율무와 마를 이용한 떡이다. 마, 율무차가루를 이용하여 간편하게 경단을 만들 수 있다.

조리 난이도 하　**조리시간** 40분 (반죽 휴지시간 제외)　**조리분량** 4인분
조리도구 스테인리스 볼, 냄비, 체

재료

찹쌀가루 200g, 뜨거운 물 140g, 소금 2g, 한살림 마율무차가루 50g (반죽용),
한살림 마율무차가루 80g (고물용)

조리법

찹쌀가루에 소금을 넣고 섞는다.

❶에 마율무차가루를 골고루 섞는다.

뜨거운 물을 넣고 익반죽을 한다.
❗ **(주의)** 질지 않고 말랑말랑할 정도로 물은 여러 번 나눠 넣어 준다.
물이 뜨거우니 숟가락으로 먼저 섞은 후 손반죽을 한다.

반죽을 비닐봉지에 넣고 20분간 휴지시킨다.

휴지시킨 반죽은 지름 2.5cm(14g) 정도로 둥글게 빚는다.

끓는 물에 넣어 떡이 떠오를 때까지
삶는다.

경단이 떠오르면 1분 정도 더
두었다가 체로 건져 차가운 물에 담가
식힌다.

경단을 손으로 건져서 만져볼 때
온기가 완전히 없어질 때까지 식힌다.
❶ (주의) 물이 미지근해지면 여러 번
갈아주며 식힌다.

조리법

1~2알씩 손으로 건져 물기를 털어서, 마율무차가루를 묻힌다.
❶ **(Tip)** 경단을 미리 건져 두면 서로 달라 붙게 된다.
떡은 손으로 만지지 말고 고물 그릇을 돌려가며 고물을 묻힌다.

조리 Tip!
1. ❾번 고물이 떡의 수분으로 젖으면 다시 한번 더 묻힌다.
2. 판매용 마율무차가루에는 프락토 올리고당이 들어 있어 추가로 설탕을 넣지 않아도 된다.
3. 간편하게 먹을 수 있는 다양한 가루차로 다양한 떡으로 응용할 수 있다.

Part.3
쫄깃 쫄깃 찰떡

찰떡은 찹쌀가루를 차가운 물로 반죽을 하고 뜨거운 김이 나는
찜기에 쪄서 익힌 후 떡메로 쳐서 쫄깃하게 만든 떡으로
'찹쌀떡'으로도 부른다. 대표적인 찰떡인 인절미(引切米)는
여러 가지 재료가 첨가되어 쑥인절미, 수리취인절미, 녹차인절미 등
그 종류도 다양하다. 끈적하게 달라붙는 성질이 있어,
부부 사이가 착 달라붙어 있으라는 의미로 혼례 때 이바지떡으로
꼭 들어가는 떡이다.

1. 군고구마인절미
2. 딸기인절미
3. 홍삼인절미
4. 단호박말이떡
5. 모듬찰떡
6. 흑임자구름떡
7. 과일찹쌀떡

군고구마인절미

군고구마인절미

다이어트 음식인 고구마는 비타민과 베타카로틴이 풍부해 혈관 건강과 피부에 좋다. 달콤한 고구마와 쫄깃한 찹쌀로 만든 군고구마인절미는 구워 먹으면 더 맛있다.

조리 난이도 하 **조리시간** 40분 (반죽 휴지시간 제외) **조리분량** 2인분
조리도구 스테인리스 볼, 찜기, 물솥, 유리용기(13×13×6cm)

재료

찹쌀가루 200g, 군고구마 60g, 소금 2g, 차가운 물 100g, 꿀 3T, 식용유 1T
고물 볶은 콩가루 2T

조리법

군고구마에 꿀을 넣고 골고루 섞는다.

찹쌀가루에 소금을 넣고 골고루 섞는다.

소금을 섞은 찹쌀가루에 ❶과 차가운 물을 넣고 반죽한다.

반죽을 비닐봉지에 넣고 20분간 휴지시킨다.

휴지시킨 반죽을 찜기에 담아 끓는 물에 20분간 찐다.
❶ (주의) 물이 팔팔 끓을 때 찜기를 올려서 쪄야 떡이 질어지지 않는다.

떡이 익는 동안 스테인리스 볼에 기름칠을 한다.

다 쪄진 떡은 기름을 바른 스테인리스 볼에 넣고 표면이 매끈하도록 치대면서 식힌다.

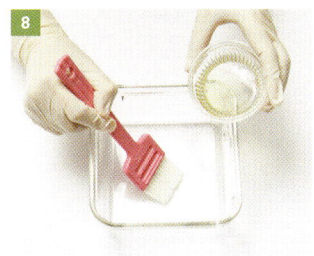

유리용기에 기름을 바른다.

용기에 떡을 담고 평평하게 한 뒤 뚜껑을 닫고 식힌다.
❶ (주의) 뚜껑을 닫고 식혀야 수분이 보존되어 떡이 말랑해진다.

4×2cm 크기로 자른다.(개인 취향에 따라 자르면 된다.)
❶ (Tip) 칼에 기름을 바르고 자르면 매끈하게 자를 수 있다.

콩가루 고물을 묻힌다.

조리 Tip!

1. ❶번 꿀을 넣으면 떡이 오래도록 촉촉하다. 꿀이 없으면 설탕으로 대신해도 된다.
2. 기호에 따라 고물 없이 먹거나 콩가루 대신 카스텔라 고물을 묻혀도 좋다.
3. 프라이팬에 노릇하게 구워 꿀을 곁들이면 군고구마 맛을 더 진하게 즐길 수 있다.

건식 쌀가루로 떡 만들기

딸기인절미

딸기인절미

인절미는 부재료에 따라 다양한 맛을 만들 수 있다. 냉장고 속 잼을 이용하여 더욱 간편하게 만들 수 있는 딸기인절미는 고물이 없어도 달콤한 맛을 즐길 수 있다.

조리 난이도 하 **조리시간** 40분 (반죽 휴지시간 제외) **조리분량** 2인분
조리도구 스테인리스 볼, 찜기, 물솥, 유리용기(13×13×6cm)

재료

찹쌀가루 200g, 딸기잼 110g, 소금 2g, 차가운 물 70g, 식용유 1T

고물 카스텔라 ½개

조리법

1. 찹쌀가루에 소금을 골고루 섞는다.

❶에 딸기잼과 차가운 물을 넣고 반죽한다.
❶ **(Tip)** 물 대신 생딸기를 갈아 넣어도 좋지만 딸기맛이 많이 나지는 않는다.

3. 반죽을 비닐봉지에 넣고 20분간 휴지시킨다.

휴지시킨 반죽을 찜기에 고루 펴 담아 끓는 물에 20분간 찐다. ❶ **(주의)** 물이 팔팔 끓을 때 찜기를 올려서 쪄야 떡이 질어지지 않는다.

5. 떡이 익는 동안 스테인리스 볼에 기름칠을 한다.

6. 다 쪄진 떡은 기름을 바른 스테인리스 볼에 넣고 표면이 매끈하도록 치대면서 식힌다.

7. 유리용기에 기름을 바른다.

8

용기에 떡을 담고 평평하게 한뒤 뚜껑을 닫고 식힌다.
❶ (Tip) 떡이 꾸덕꾸덕할 만큼 식혀야 칼로 깔끔히 자를 수 있다.

9

카스텔라의 색이 진한 부분을 잘라내고 나머지 노란 부분을 커터로 가루를 만든다.

10-1

한입 크기로 자른다.
❶ (Tip) 칼에 기름을 바르고 자르면 매끈하게 자를 수 있다.

10-2

11-1

카스텔라 고물을 묻혀준다.

11-2

조리 Tip!

1. ❽번 뚜껑을 닫고 식혀야 수분이 보존되어 떡이 말랑해진다.
2. ⓫번 떡 표면이 말라 고물이 잘 묻지 않으면 꿀이나 시럽을 바르고 묻힌다.
3. 기호에 따라 카스텔라 고물 대신 콩고물을 묻혀도 맛있다.

70　　　　　　　　　　　　　　　　　　　　　　　　　　홍삼인절미

홍삼인절미

홍삼의 몸에 좋은 성분을 떡에 담아 보았다. 쌉싸름한 홍삼맛과 달콤하고 쫄깃한 홍삼절편과 찰떡 맛이 잘 어우러져 씹을수록 건강해지는 떡이다. 면역력 향상이 필요한 아이들과 어르신에게 좋다.

조리 난이도 하 **조리시간** 40분 (반죽 휴지시간 제외) **조리분량** 2인분
조리도구 스테인리스 볼, 찜기, 물솥, 유리용기(13×13×6cm)

재료

찹쌀가루 200g, 홍삼액 160g, 소금 2g, 설탕 30g, 홍삼절편 20g, 식용유 1T
고물 볶은 콩가루 2T

조리법

찹쌀가루에 소금과 설탕을 골고루 섞는다.

❶에 홍삼액을 넣고 반죽한다.

반죽을 비닐봉지에 넣고 20분간 휴지시킨다.

떡을 휴지시키는 동안 홍삼절편을 5mm 정도로 채 썰어 준비한다.

휴지시킨 반죽을 찜기에 담아 끓는 물에 20분간 찐다.
❶ (주의) 물이 팔팔 끓을 때 찜기를 올려서 쪄야 떡이 질어지지 않는다.

떡이 익는 동안 스테인리스 볼에 기름칠을 한다.

다 쪄진 떡은 기름을 바른 스테인리스 볼에 넣고 표면이 매끈하도록 치대면서 식힌다.

어느 정도 치댄 떡에 잘라 놓은
홍삼절편을 여러 번 나눠서 섞는다.

유리용기에 기름칠을 한다.

떡반죽을 유리용기에 담고 평평하게
한뒤 뚜껑을 닫고 식힌다.
❶ **(주의)** 떡이 꾸덕꾸덕할 만큼 식혀야
칼로 깔끔히 자를 수 있다.

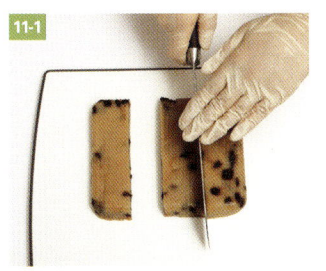

먹기 좋은 크기로 자른다.
❶ **(Tip)** 칼에 기름을 바르고 자르면
매끈하게 자를 수 있다.

1. 기호에 따라 콩가루를 곁들여도 좋다.
2. ❿번 뚜껑을 닫고 식혀야 수분이 보존되어 떡이 말랑해진다.
3. 남은 떡은 냉동 보관하며, 냉동 보관할 떡은 고물을 묻히지 않는다.
4. 판매용 홍삼액과 홍삼절편, 홍삼정과로 간편하게 만들 수 있다.
5. 파우치 형태의 다양한 건강진액으로 응용할 수 있다.

단호박말이떡

단호박말이떡

단호박은 열량이 낮고 비타민, 섬유소가 많은 식품으로 찹쌀에 따뜻하고 소화가 잘되는 성질이 있어 위장 건강에 좋다. 찹쌀과 단호박은 궁합이 잘 맞는 음식이며, 환자와 성장기 아이들에게 좋은 건강 간식이다.

조리 난이도 중 **조리시간** 40분 (반죽 휴지시간 제외) **조리분량** 3인분
조리도구 스테인리스 볼, 찜기, 물솥, 밀대, 비닐(60×40)

재료

찹쌀가루 200g, 찐 단호박 60g, 소금 2g, 차가운 물 80g, 설탕 30g, 식용유 1T
고물 흑임자가루 150g

조리법

찹쌀가루에 소금과 설탕을 골고루 섞는다.

찐 단호박을 ❶에 넣고 손으로 비비면서 섞는다.

차가운 물을 넣고 반죽한다.

반죽을 비닐봉지에 넣고 20분간 휴지시킨다.

휴지시킨 반죽을 찜기에 담아 끓는 물에 20분간 찐다.
❶ (주의) 물이 팔팔 끓을 때 찜기를 올려서 쪄야 떡이 질어지지 않는다.

다 쪄진 떡은 기름을 바른 스테인리스 볼에 넣고 표면이 매끈하도록 치대면서 식힌다.

비닐(60×40)에 기름을 붓으로 골고루 바른다.

떡 반죽을 비닐 가운데에 올리고 폭이 12cm가 되게 비닐을 위, 아래에서 덮는다.

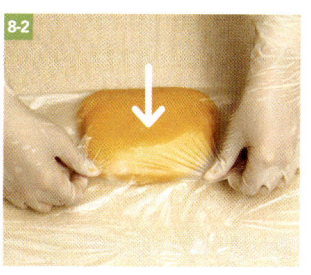

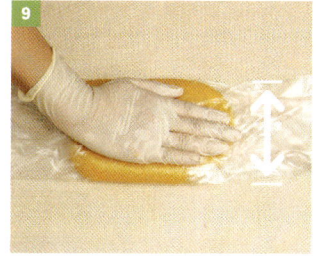

손바닥으로 떡을 펴 눌러 폭이 12cm가 되도록 한다.

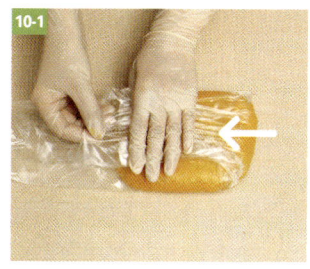

한쪽 비닐만 떡을 덮고 밀대를 이용해 두께가 2cm 정도의 직사각형으로 만든다.

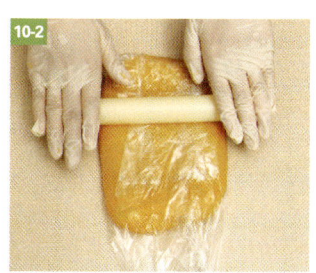

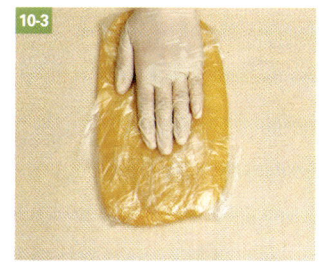

비닐을 펼친 후 위쪽 1cm 정도만 비닐로 덮는다. ❶ (주의) 떡 끝부분에 흑임자가루를 묻히면 동글게 말고 난 후 끝부분이 붙지 않는다.

건식 쌀가루로 떡 만들기

조리법

체를 이용해 흑임자가루를 떡 위에 골고루 뿌린다.

위쪽 1cm 덮은 비닐 부분을 벗긴다.

아래쪽에서 위쪽으로 비닐 아래쪽을 잡고 김밥 말 듯 만다.

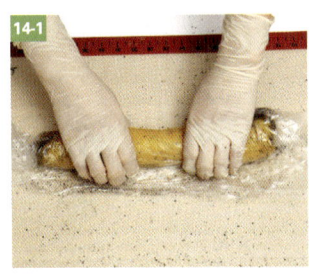
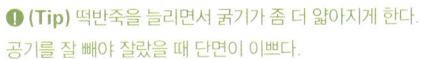

비닐을 덮고 안쪽에서 바깥쪽으로 살짝살짝 주물러 늘려가면서 공기를 뺀다.
- **(Tip)** 떡반죽을 늘리면서 굵기가 좀 더 얇아지게 한다.
공기를 잘 빼야 잘랐을 때 단면이 이쁘다.

비닐을 펼치고 다시 흑임자가루를 앞뒤 골고루 묻힌다.

2cm 정도의 두께로 자른다.

1. 기호에 따라 흑임자가루 대신 카스텔라 또는 콩가루를 고물로 써도 좋다.
2. 흑임자가루 만드는 법은 재료 부분을 참고한다.
3. 단호박은 잘라서 씨를 빼고 찜기에 찐 뒤 검은색 껍질을 제거하고 사용한다.

모듬찰떡

모듬찰떡

찹쌀은 기력을 회복해 주는 음식으로 여기에 항산화 성분이 많은 견과류가 들어가 영양이 가득한 떡이다. 간식은 물론 아침 식사 대용으로 활용하기 좋다.

조리 난이도 중　**조리시간** 50분 (반죽 휴지시간 제외)　**조리분량** 2인분
조리도구 스테인리스 볼, 찜기, 물솥, 유리용기(13×13×6cm)

재료

찹쌀가루 200g, 소금 2g, 꿀 4T, 차가운 물 160g, 호두 30g, 밤 45g, 마른 대추 6개, 불린 서리태 30g, 식용유 1T

조리법

1. 찹쌀가루에 소금을 골고루 섞는다.

2-1. 물에 꿀을 섞어 꿀물을 만든 다음 ❶에 조금씩 넣어가며 반죽한다.

2-2.

3-1. 밤은 껍질을 벗기고 8등분을 한다.

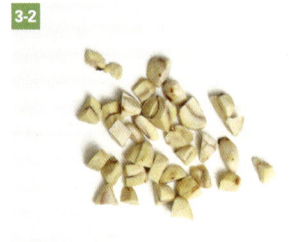
3-2.

4-1. ❷의 반죽에 밤과 불린 서리태를 넣고 섞는다.

4-2.

5. 반죽을 비닐봉지에 넣고 20분간 휴지시킨다.

6-1. 대추는 씨를 발라내고 1cm 폭으로 자른다.

호두도 대추와 비슷한 크기로 잘라서 준비한다.

휴지시킨 반죽은 찜기에 담아 끓는 물에 20분간 찐다.
❶ (주의) 물이 팔팔 끓을 때 찜기를 올려서 쪄야 떡이 질어지지 않는다.

떡이 익는 동안 스테인리스 볼에 기름칠을 해둔다.

다 쪄진 떡은 기름을 바른 스테인리스 볼에 넣고 밤과 서리태가 으깨지지 않게 살짝 치대면서 식힌다.

❿에 대추와 호두를 골고루 섞는다.

유리용기에 기름칠을 한다.

조리법

떡반죽을 유리용기에 담고 평평하게 한 뒤 뚜껑을 닫고 식힌다.
❶ (주의) 떡이 꾸덕꾸덕할 만큼 식혀야 칼로 깔끔히 자를 수 있다.

먹기 좋은 크기로 자른다.
❶ (Tip) 칼에 기름을 바르고 자르면 매끈하게 자를 수 있다.

조리 Tip!

1. ⓱번 뚜껑을 닫고 식혀야 수분이 보존되어 떡이 말랑해진다.
2. 하나씩 먹기 좋게 낱개 포장해서 냉동해두면 식사 대용으로 먹기 좋다.
3. 불린 서리태가 없으면 생략해도 되며 하루견과 같은 모듬견과 제품을 활용하면 간편하다.

흑임자구름떡

흑임자구름떡

떡을 잘라 놓은 단면이 구름 모양 같아서 이름 붙여진 떡이다. 떡과 떡 사이에 흑임자가 층을 이루고 밤과 호두, 대추 등의 부재료가 들어 있어 보기에도 먹음직스럽다. 흑임자는 기억력과 집중력에 도움을 줘 공부하는 아이들 간식으로 그만이다.

조리 난이도 중 **조리시간** 50분 (반죽 휴지시간 제외) **조리분량** 2인분
조리도구 스테인리스 볼, 찜기, 물솥, 유리용기(10×10×5cm)

재료

찹쌀가루 200g, 소금 2g, 꿀 40g (4T), 차가운 물 160g, 호두 15g, 밤 25g, 마른 대추 6개,
흑임자가루 50g, 식용유 1g

조리법

찹쌀가루에 소금을 골고루 섞는다.

물에 꿀을 섞어 꿀물을 만든 다음 ❶에 조금씩 넣어가며 반죽한다.

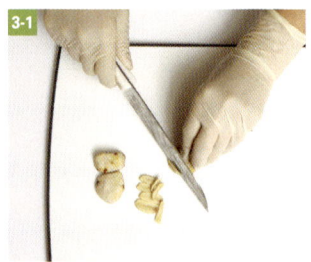

밤은 껍질을 벗기고 5mm 정도로 잘라서 준비한다.

❷의 반죽에 밤을 넣고 섞는다.

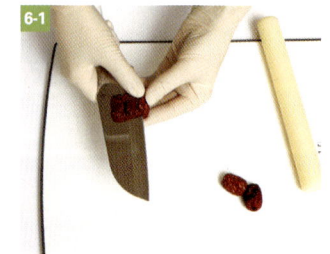

반죽을 비닐봉지에 넣고 20분간 휴지시킨다.

대추는 씨를 발라내고 밀대로 밀어 얇게 만든 뒤 돌돌 만다. 말아준 대추를 한 번 더 얇게 만든 대추로 말아서 대추꽃을 만든다.

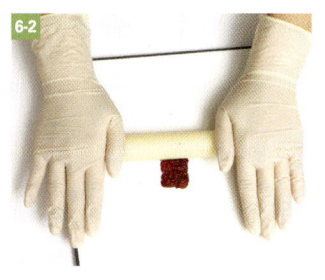
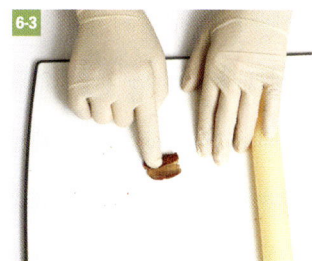
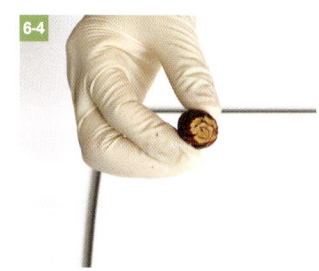

호두는 잘게 잘라서 준비한다.

휴지시킨 반죽은 찜기에 담아 끓는 물에 20분간 찐다.
 (주의) 물이 팔팔 끓을 때 찜기를 올려서 쪄야 떡이 질어지지 않는다.

떡이 익는 동안 스테인리스 볼에 기름칠을 해둔다.

다 쪄진 떡은 기름을 바른 스테인리스 볼에 호두와 함께 넣고 호두와 밤이 으깨지지 않게 살짝 치대면서 식힌다.

건식 쌀가루로 떡 만들기

조리법

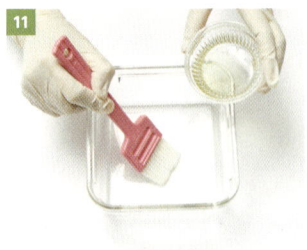

11 유리용기에 기름칠을 한다.

12-1 흑임자가루를 용기 바닥에 뿌리고 떡을 1cm 정도로 얇게 펴 담는다.

12-2

13-1 다시 흑임자가루를 뿌리고 1cm 정도로 떡을 얇게 펴 담는다.

13-2

14 다시 흑임자를 뿌리고 떡 가운데에 ❻번에서 준비한 대추를 일렬로 놓는다.

15-1 다시 떡을 얇게 펴 담고 흑임자 뿌리기를 2번 반복하면서 층층이 담는다.

15-2

16 뚜껑을 덮고 떡에 온기가 없을 때까지 식힌다.

칼에 기름을 바르고 대추꽃이 가운데 오도록
1.5~2cm 두께로 자른다.

1. 흑임자가루를 두껍게 뿌리면 식한 뒤 떡이 덩어리에서 분리된다.
2. 하나씩 먹기 좋게 소분하여 냉동해두면 식사 대용으로 안성맞춤이다.
3. 대추꽃 대신 대추를 잘게 잘라 떡을 치댈 때 섞어도 된다.

과일찹쌀떡

과일찹쌀떡

쫄깃한 찰떡과 달콤하고 상큼한 과일이 잘 어우러지는 떡이다. 과일즙이 흘러내리지 않는 과일들로 다양하게 만들어 보자.

조리 난이도 중 **조리시간** 40분 (반죽 휴지시간 제외) **조리분량** 3인분
조리도구 스테인리스 볼, 찜기, 물솥

재료

찹쌀가루 200g, 물엿 30g, 소금 2g, 차가운 물 100g, 딸기잼 40g, 감자전분 30g, 생딸기 10개
소 팥앙금 300g

조리법

찹쌀가루에 소금과 물엿을 섞는다.

딸기잼(40g)을 물(100g)에 푼다. ❷를 ❶에 넣고 손바닥으로 비비면서 반죽한다.

반죽을 비닐봉지에 넣고 20분간 휴지시킨다.

떡 속에 들어갈 팥앙금은 지름이 4cm(30g) 정도로 둥글게 만들어 준비한다.

휴지시킨 반죽을 찜기에 담아 끓는
물에 20분간 찐다.
❶ (주의) 물이 팔팔 끓을 때 찜기를
올려서 쪄야 떡이 질어지지 않는다.

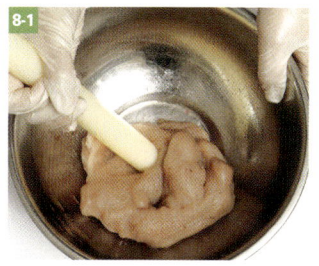

스테인리스 볼에 기름칠을 한다.

다 쪄진 떡을 기름을 바른 스테인리스 볼에 넣고
표면이 매끈하도록 치대면서 식힌다.
❶ (주의) 떡을 식힐 때는 젖은 면보나 비닐로 덮어야
떡 표면이 마르지 않는다.

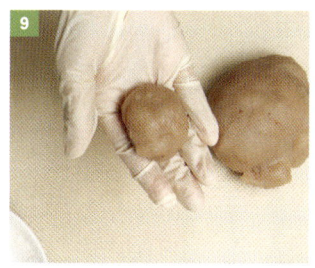
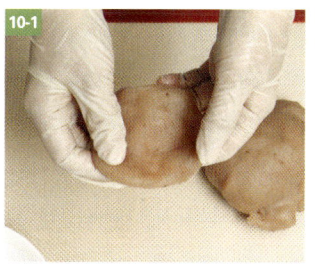
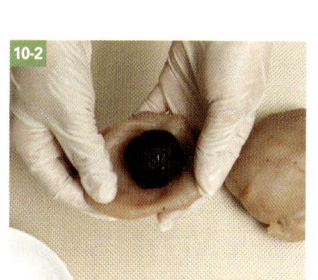

온기가 남아 있을 만큼 식힌 떡을 지름
4cm(30g) 정도로 소분한다.

떡을 넉넉히 펴서 팥앙금을 올리고
네 방향에서 떡자락을 집어 준다.
❶ (주의) 떡 자락을 힘껏 집어 주어야
떡이 벌어지지 않는다.

조리법

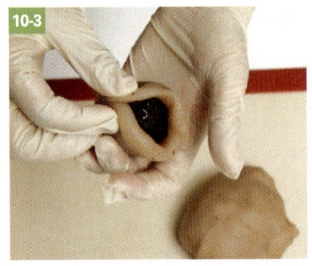
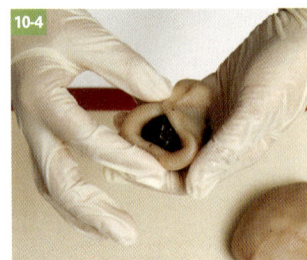
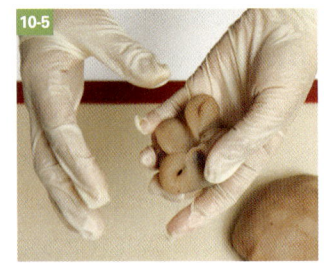

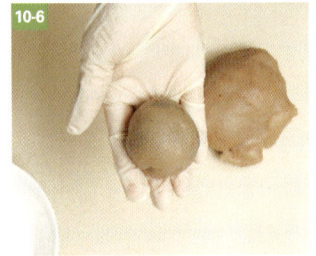

손바닥에 굴려 둥글게 만든 떡에 감자전분을 묻힌다.

❶ (주의) 감자전분은 떡끼리 붙지 않을 정도로만 살짝 묻힌다.

딸기는 꼭지를 따고 씻어서 물기를 말려 준비한다.

가위로 윗부분을 ½ 정도 잘라 딸기를 넣어 줄 공간을 만든다.

  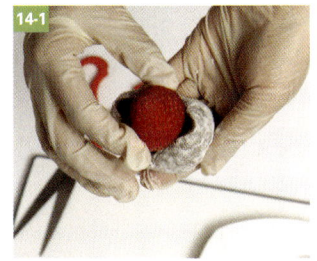

딸기를 넣어 준다.

1. 팥앙금을 만들기 번거로울 때는 시판용 팥빙수 팥을 마른 팬에서 수분을 조금 날리고 사용해도 된다.
2. 떡 반죽에 물엿을 섞어주면 떡이 천천히 굳는 효과가 있다.
3. 과일즙이 흘러내리지 않는 포도, 방울토마토, 귤 등의 과일로도 만들어 보자.

Part.4
포실
포실
설기

시루떡의 하나로 멥쌀을 고운 가루로 만들어 다양한 재료를 섞어 쪄낸 떡을 '설기떡'이라 한다. 아무것도 섞지 않으면 백설기, 쑥을 섞으면 쑥설기, 콩을 섞으면 콩설기가 된다. 가루, 잼, 즙, 퓨레 형태의 재료들을 이용해 다양한 방법으로 만들어 먹을 수 있다. 티 없이 깨끗하고 신성한 음식이라는 뜻에서 어린아이의 삼칠일, 백일, 첫돌의 대표적인 음식으로 쓰이며, 사찰에서 재(齋)를 올릴 때 또는 산신제, 용왕제 등 어느 떡보다 의례와 행사에 많이 쓰인 설기떡은 다른 떡들보다 부드러운 식감을 가지기 위해 섬세함을 필요로 한다.

1. 녹차설기
2. 단호박설기
3. 딸기설기
4. 백설기
5. 팥설기
6. 팥시루떡
7. 포도설기

녹차설기

녹차설기

해독작용과 피로회복에 좋은 녹차를 이용하여 은은한 녹차향을 떡으로 즐길 수 있다. 녹차와 연유가 들어가 녹차라떼 맛을 느낄 수 있다.

조리 난이도 하 **조리시간** 40분 (반죽 휴지시간 제외) **조리분량** 2인분
조리도구 스테인리스 볼, 체(2mm), 찜기, 물솥, 무스링(12×5), 스텐실

재료

멥쌀가루 200g, 소금 2g, 녹차가루 4g, 물 90g, 연유 4T, 설탕 10g, 코코아가루 2T

조리법

소금을 물에 녹인다.

멥쌀가루에 녹차가루를 섞는다.

❷에 연유를 넣고 골고루 섞는다.

소금물을 넣고 양손으로 비비면서 골고루 섞는다.

체에 한 번만 내린다.

6

체에 내린 쌀가루는 비닐봉지에 넣고 1시간 이상 휴지시킨다.

7-1

휴지가 끝난 쌀가루는 체에 한 번 더 내린다.
❶ (Tip) 체에 여러 번 내릴수록 쌀가루 사이에 공기층이 많아져 떡이 폭신해진다.

7-2

8-1

설탕을 넣고 쌀가루가 뭉치지 않게 손가락을 벌려서 섞는다.

8-2

9

찜기 안에 시루밑을 깔고 무스링을 넣는다.

쌀가루를 빈 공간이 없도록 젓가락으로 저어가며 조금씩 담는다.

10-1

10-2

11-1

쌀가루를 다 담은 후 윗면을 평평하게 한 다음 스텐실을 올리고 코코아가루를 뿌려 무늬를 만든다.
❶ (주의) 코코아가루는 얇게 뿌려야 무늬가 흐트러지지 않는다.

건식 쌀가루로 떡 만들기

조리법

물이 팔팔 끓을 때 찜기를 올려서 20분간 찐다.
❶ **(Tip)** 무스링을 이용할 경우 찜기를 올리고 5분 경과 후 링을 빼주어야 옆면이 마르지 않는다.

다 쪄진 떡은 찜기에 접시를 올리고 뒤집어서 찜기에서 떡을 분리한다.

시루밑을 분리한다.

떡 위에 다른 접시를 덮고 다시 뒤집어서 윗면이 나오도록 한다.

 1. 휴지를 오래 시킬수록 쌀가루가 수분을 골고루 흡수해 설기가 더 촉촉해진다.
2. 물 대신 잎녹차를 우려낸 물과 남은 녹차잎을 함께 섞어도 좋다.
3. 설탕을 녹차에 첨가해 마시면 항산화 기능의 카테킨(Catechin)을 장에서 흡수하는 비율이 3배 정도 향상된다.

단호박설기

단호박설기

소화가 잘되고 식욕을 북돋아 주며 다양한 영양소가 들어 있는 단호박은 성장기 어린이에게 좋은 영양식이다. 단호박의 섬유질이 떡을 더욱 촉촉하게 만들어주며 사계절 언제나 손쉽게 구할 수 있는 재료다.

조리 난이도 하 **조리시간** 40분 (반죽 휴지시간 제외) **조리분량** 2인분
조리도구 스테인리스 볼, 체(2mm), 찜기, 물솥, 무스링(12×5)

재료

멥쌀가루 200g, 소금 2g, 찐 단호박 50g, 설탕 30g, 물 50g,
고명 호박씨 3개, 잣 9개, 마른 대추 1개

조리법

소금을 물에 녹인다.

찐 단호박을 멥쌀가루와 양손으로 비벼가며 섞는다.

❷에 소금물을 넣고 골고루 섞는다.

골고루 섞은 쌀가루는 체에 한 번만 내린다.

체에 내린 쌀가루는 비닐봉지에 넣어 1시간 이상 휴지시킨다.

휴지가 끝난 쌀가루는 체에 한 번 더 내린다.

설탕을 넣고 쌀가루가 뭉치지 않게 손가락을 벌려서 섞는다.

찜기 안에 시루밑을 깔고 무스링을 넣는다.

쌀가루를 빈 공간이 없도록 젓가락으로 저어가며 조금씩 담아준 다음 윗면을 평평하게 한다.

잣으로 잣꽃 장식을 한다.
❶ (주의) 잣은 쌀가루 속에 살짝 눌러 줘야 찌고 나서도 분리되지 않는다.

조리법

물이 팔팔 끓을 때 찜기를 냄비에 올려서 20분간 찐다.

❗ **(Tip)** 무스링을 이용할 경우 찜기를 올리고 5분 경과 후 링을 빼주어야 옆면이 마르지 않는다.

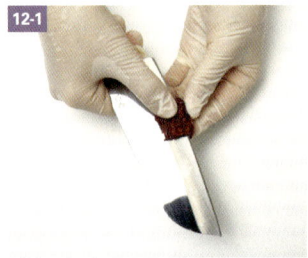

마른 대추는 돌려깎기해서 씨를 발라내고 평평하게 펴서 가늘게 잘라 잣꽃의 줄기를 만든다.

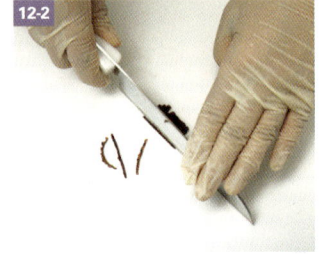

다 쪄진 떡은 찜기에 접시를 올리고 뒤집어서 찜기에서 떡을 분리한다.

시루밑을 분리한다.

떡 위에 다른 접시를 덮고 다시 뒤집어서 윗면이 나오도록 한다.

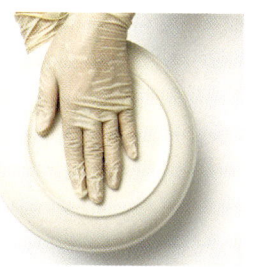

대추로 줄기를 만들고 호박씨로 잎을 만든다.

조리 Tip!
1. 단호박은 씨를 빼고 찜기에서 푹 익도록 찐 다음 검은 껍질을 제거하고 사용한다.
2. 찐 단호박은 수분이 적을수록 떡 속에 많이 넣을 수 있어 떡 맛이 더 좋아진다.

딸기설기

딸기설기

멥쌀가루에 과일즙을 섞고 과일잼을 첨가하면 색다른 과일설기가 된다. 다양한 과일과 잼을 활용하면 다양한 설기를 만들 수 있다.

조리 난이도 중 **조리시간** 40분 (반죽 휴지시간 제외) **조리분량** 2인분
조리도구 스테인리스 볼, 체(2mm), 찜기, 물솥, 무스링(12×5)

재료

멥쌀가루 200g, 소금 2g, 딸기과즙 110g, 딸기잼 60g, 설탕 25g

조리법

멥쌀가루에 소금을 골고루 섞는다.

생딸기를 갈아서 과즙(110g)을 만든다.

딸기과즙을 넣고 양손으로 비벼가며 골고루 섞는다.

체에 한 번만 내린다.

체에 내린 쌀가루는 비닐봉지에 넣고 1시간 이상 휴지시킨다.
❶ (Tip) 휴지를 오래 시킬수록 쌀가루가 수분을 골고루 흡수해 떡이 더 촉촉해진다.

휴지가 끝난 쌀가루는 체에 한 번 더 내린다.
❶ (Tip) 체에 여러 번 내릴수록 쌀가루 사이에 공기층이 많아져 떡이 폭신해진다.

설탕을 넣고 쌀가루가 뭉치지 않게 손가락을 벌려서 섞는다.

찜기 안에 시루밑을 깔고 무스링을 넣고 쌀가루가 뭉쳐지지 않게 절반 정도 담는다.

숟가락으로 딸기잼을 듬성듬성 얹힌다.

나머지 쌀가루를 담고 윗면이 평평하게 한다.

물이 팔팔 끓을 때 찜기를 올려서 20분간 찐다.
❗ (Tip) 무스링을 이용할 경우 떡을 찌고 5분 후 링을 빼주어야 옆면이 마르지 않는다.

조리법

다 쪄진 떡은 찜기에 접시를 올리고 뒤집어서 찜기에서 분리한다.

시루밑을 분리한다.
❶ (Tip) 시루밑이 잘 떨어지지 않을 때는 물을 살짝 묻히면 잘 떨어진다.

다른 접시를 덮고 다시 뒤집어서 윗면이 나오도록 한다.

 1. ❽번 무스링에 담을 때는 쌀가루를 조금씩 넣으면서 젓가락으로 저어 공간이 없도록 담아야 떡이 갈라지지 않는다.
2. 딸기즙이 없으면 딸기잼을 물에 녹여 사용해도 된다.
3. 포도잼, 사과잼 등 다양한 잼을 이용해 다양하게 응용해 보자.

백설기

백설기

설기는 쌀가루 켜(겹겹이 포개진 물건의 낱낱의 층)를 만들지 않고 한 덩어리로 만드는 떡이다. 백설기는 멥쌀가루에 아무것도 섞지 않아 흰색을 내는데, 이것은 아기가 아무 탈 없이 깨끗하고 건강하게 자라기를 바라는 뜻으로 예부터 아기의 백일이나 첫돌에 빠지지 않았다.

조리 난이도 하 **조리시간** 40분 (반죽 휴지시간 제외) **조리분량** 2인분
조리도구 스테인리스 볼, 체(2mm), 찜기, 물솥, 무스링(12×5)

재료

멥쌀가루 200g, 소금 2g, 설탕 30g, 물 110g

조리법

소금을 물에 녹인다.

멥쌀가루에 소금물을 넣고 양손으로 비비면서 골고루 섞는다.

체에 한 번만 내린다.

체에 내린 쌀가루는 비닐봉지에 넣고 1시간 이상 휴지시킨다.

휴지가 끝난 쌀가루는 체에 한 번 더 내린다.

❶ (Tip) 체에 여러 번 내릴수록 쌀가루 사이에 공기층이 많아져 떡이 폭신해진다.

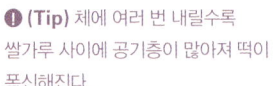

설탕을 넣고 쌀가루가 뭉치지 않게 손가락을 벌려서 섞는다.

찜기 안에 시루밑을 깔고 무스링을 넣는다.

쌀가루를 빈 공간이 없도록 젓가락으로 저어가며 조금씩 담는다.

쌀가루를 다 담은 후 숟가락이나 스크레퍼를 이용해 윗면을 평평하게 한다.

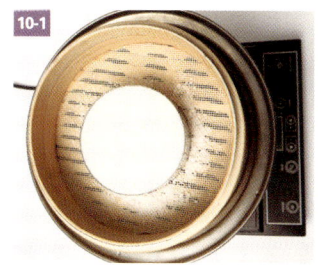

물이 팔팔 끓을 때 찜기를 올려서 20분간 찐다.

❶ **(Tip)** 무스링을 이용할 경우 찜기를 올리고 5분 경과 후 링을 빼주어야 옆면이 마르지 않는다.

조리법

다 쪄진 떡은 찜기에 접시를 올리고 뒤집어서 찜기에서 떡을 분리한다.
❶ **(주의)** 찜기가 뜨거우니 찜기는 행주를 받치고 뒤집는다.

시루밑을 분리한다.

떡 위에 다른 접시를 덮고 다시 뒤집어서 윗면이 나오도록 한다.

 조리 Tip!

1. 휴지를 오래 시킬수록 쌀가루가 수분을 골고루 흡수해 설기가 더 촉촉해진다.
2. 무스링에 쌀가루를 담을 때는 쌀가루를 조금씩 넣으면서 젓가락으로 휘저어 공간이 없도록 담아야 떡이 갈라지지 않는다.
3. 설탕을 일찍 넣으면 쌀가루 반죽이 질어서 체에 내리기 힘드니 떡을 찌기 바로 직전에 넣도록 한다.
4. 여러 과일잼을 곁들이면 더욱 다양한 맛을 즐길 수 있다.
5. 백설기에 잣을 다져서 넣으면 고소한 잣설기가 된다.

팥설기

팥설기

팥설기는 멥쌀가루에 고운 팥고물을 섞어, 떡이 한결 부드럽다. 팥설기는 팥시루떡처럼 고물이 떨어지는 불편함이 없다. 고소한 호두와 계피의 향이 잘 어우러진 떡이다.

조리 난이도 중 **조리시간** 40분 (반죽 휴지시간 제외) **조리분량** 2인분
조리도구 스테인리스 볼, 체(2mm), 찜기, 물솥, 무스링(9×5) 3개

재료

멥쌀가루 200g, 소금 2g, 팥고물 80g, 설탕 35g, 물 90g, 다진 호두 2T, 계피가루 ¼t

조리법

소금을 물에 녹인다.

팥고물을 커터로 곱게 간다.

멥쌀가루에 팥가루를 넣고 골고루 섞는다.

소금물을 넣고 양손으로 비비며 섞는다.

체에 한 번만 내려 팥 껍질을 분리한다.

체에 내린 쌀가루는 비닐봉지에 넣어 1시간 이상 휴지시킨다.

호두를 다진다.

휴지가 끝난 쌀가루는 체에 한 번 더 내린다.

설탕, 다진 호두, 계피가루를 넣고 쌀가루가 뭉치지 않게 섞는다.

찜기 안에 시루밑을 깔고 무스링을 넣은 다음 쌀가루를 담는다.
❶ (Tip) 빈 공간이 없도록 젓가락으로 저어가며 조금씩 담는다.

조리법

쌀가루를 다 담은 후 윗면에
흰쌀가루를 부분적으로 뿌린다.

물이 팔팔 끓을 때 찜기를 물솥에 올려서 20분간 찐다.
❶ **(Tip)** 무스링을 이용할 경우 찜기를 올리고 5분 경과 후 링을
빼주어야 옆면이 마르지 않는다.

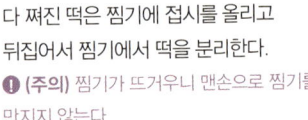

다 쪄진 떡은 찜기에 접시를 올리고
뒤집어서 찜기에서 떡을 분리한다.
❶ **(주의)** 찜기가 뜨거우니 맨손으로 찜기를
만지지 않는다.

시루밑을 분리한다.

떡을 다시 하나씩 뒤집어서 윗면이
나오도록 한다.

 조리 Tip!

1. 쌀가루 사이사이에 팥고물이 쿠션 역할을 하여 설기가 폭신폭신하다.
2. ❼번 호두는 잘게 다지고 계피가루는 기호에 따라 생략해도 된다.

건식 쌀가루로 떡 만들기

팥시루떡

팥시루떡

쌀가루 사이사이에 고물이 들어가 층을 만든 떡을 '켜떡'이라고 하고, 고물이 없이 한 덩어리로 찐떡을 '무리떡'이라고 한다. 팥의 붉은색이 나쁜 기운을 물리쳐 준다 하여 큰 행사나 이사, 개업식 등에 꼭 올리는 액막이 떡이다.

조리 난이도 중 **조리시간** 40분 (반죽 휴지시간 제외) **조리분량** 2인분
조리도구 스테인리스 볼, 체(2mm), 찜기, 물솥, 무스링(12×5)

재료

멥쌀가루 200g, 소금 2g, 팥고물 200g, 설탕 30g, 물 110g, 고물에 뿌릴 설탕 10g

조리법

소금을 물에 녹인다.

멥쌀가루에 소금물을 넣고 양손으로 비비면서 골고루 섞는다.

체에 한 번만 내린다.

체에 내린 쌀가루는 비닐봉지에 넣고 1시간 이상 휴지시킨다.

휴지가 끝난 쌀가루는 체에 내린다.

설탕을 넣고 쌀가루가 뭉치지 않게 손가락을 벌려서 섞는다.

찜기 안에 시루밑을 깔고 무스링을 넣는다.

무스링 속에 팥고물을 바닥이 안 보일 만큼만 얇게 깔고 설탕을 골고루 뿌린다.

쌀가루 ½만 조금씩 담고 평평하게 한다.
❶ **(Tip)** 젓가락을 이용해 쌀가루가 뭉치지 않고 차곡차곡 쌓이도록 한다.

조리법

그 위에 팥고물을 쌀가루가 안 보일 만큼만 얇게 깔고 설탕을 골고루 뿌린다.

나머지 쌀가루를 다 담은 후 윗면을 평평하게 한다.

물이 팔팔 끓을 때 찜기를 올려서 20분간 찐다.
❶ (Tip) 무스링을 이용할 경우 찜기를 올리고 5분 경과 후 링을 빼주어야 옆면이 마르지 않는다.

다 쪄진 떡은 찜기에 접시를 올리고 뒤집어서 찜기에서 떡을 분리한다.

 조리 Tip!
1. 팥고물을 두껍게 넣으면 고물이 흘러내려 모양 잡기도 힘들고 먹기도 불편해진다.
2. 팥고물을 깔고 설탕을 뿌리면 고물과 쌀가루가 분리되는 것을 방지한다.
3. 팥고물에 수분이 많으면 마른 프라이팬에 수분을 날려 고슬고슬한 상태로 사용한다.

포도설기

포도설기

예로부터 다산을 상징하는 포도는 알카리성 식품으로 노폐물을 배출시키고 독성을 해독하는 효과가 있다. 냉장고 속 남는 과일즙을 이용하여 다양한 설기를 만들어 보자.

조리 난이도 하　**조리시간** 40분 (반죽 휴지시간 제외)　**조리분량** 2인분
조리도구 스테인리스 볼, 체(2mm), 찜기, 물솥, 무스링(12×5)

재료

멥쌀가루 200g, 소금 2g, 포도즙 104g, 설탕 20g

조리법

소금을 포도즙에 녹인다.

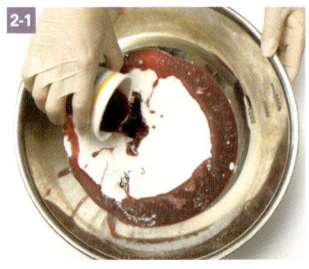
멥쌀가루에 ❶을 넣고 골고루 섞는다.

체에 한 번만 내린다.

체에 내린 쌀가루는 비닐봉지에 넣고 1시간 이상 휴지시킨다.

휴지가 끝난 쌀가루는 체에 한 번 더 내린다.

설탕을 넣고 쌀가루가 뭉치지 않게 손가락을 벌려서 섞는다.

❶ **(Tip)** 포도즙이 당도가 높으니 다른 떡보다 설탕을 적게 넣는다.

찜기 안에 시루밑을 깔고 무스링을 넣는다.

쌀가루를 빈공간이 없도록 젓가락으로 저어가며 조금씩 담는다.

쌀가루를 다 담은 후 윗면을 평평하게 한다.

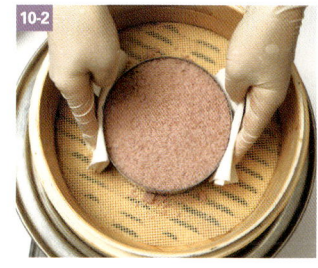 

물이 팔팔 끓을 때 찜기를 올려서 20분간 찐다.

❶ **(Tip)** 무스링을 이용할 경우 찜기를 올리고 5분 경과 후 링을 빼주어야 옆면이 마르지 않는다.

조리법

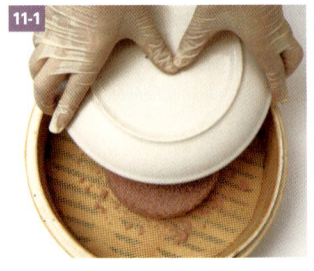

다 쪄진 떡은 찜기에 접시를 올리고
뒤집어서 찜기에서 떡을 분리한다.

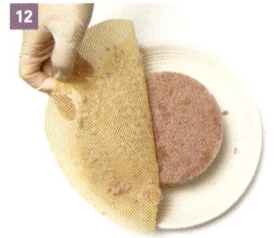
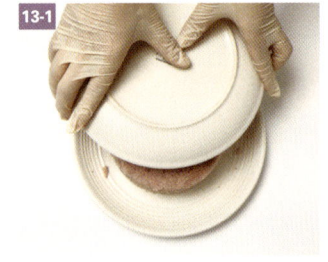

시루밑을 분리한다.

떡 위에 다른 접시를 덮고 다시
뒤집어서 윗면이 나오도록 한다.

 1. 포도즙에 당분이 있어 설탕은 조금 적게 넣는다.
2. 다양한 즙이나 청을 이용해 새콤달콤한 떡들로 응용해 보자.

Part.5

올망
졸망
빚는 떡

우리네 떡은 오랜 역사 만큼이나 무척 다양하다.
24절기마다 떡을 해서 먹었으니 떡에 들어가는 재료마다,
지역마다 셀 수 없을 정도로 많은 떡들이 있다.
예부터 떡을 예쁘게 빚으면 잘생긴 배우자를 만나고,
예쁜 아기를 낳는다고 했다. 밋밋한 떡에 알록달록한 색과
떡살 같은 도구로 무늬를 넣어 빚는 떡의 맛과 멋을
더하기도 했다.

1. 개피떡
2. 고구마송편
3. 모양송편
4. 손절편
5. 쑥갠떡
6. 알꿀떡

개피떡

개피떡

떡을 얇게 펴고 팥앙금을 소로 넣어 반달모양으로 빚을 때 바람이 빵빵하게 들어간다 하여 붙여진 또 다른 이름이 '바람떡'이다. 배우자가 바람을 핀다고 하여 이바지떡으로는 쓰지 않았다.

조리 난이도 중 **조리시간** 40분 (반죽 휴지시간 제외) **조리분량** 3인분
조리도구 스테인리스 볼, 찜기, 물솥, 밀대, 모양틀

재료

멥쌀가루 200g, 소금 2g, 차가운 물 141g, 찐 단호박 15g, 복분자액 10g, 쑥가루 1g, 식용유 2T
소 팥앙금 200g

조리법

1. 멥쌀가루에 소금을 골고루 섞는다.

2. ❶을 흰쌀가루(110g), 단호박용(30g), 복분자용(30g), 쑥용(30g) 분량으로 4등분하고, 흰쌀가루, 찐 단호박(15g), 복분자액(10g), 쑥가루(1g)를 각각 섞는다.

3-1. 차가운 물을 각각 흰쌀가루(88g), 단호박쌀가루(13g), 복분자쌀가루(14g), 쑥쌀가루(26g)에 넣고 반죽한다.

3-2.
❶ (주의) 물은 여러 번 나눠 넣으면서 흰쌀가루 반죽의 농도와 비슷하게 조절한다.

4. 반죽을 비닐봉지에 각각 넣고 20분간 휴지시킨다.

5. 색깔별로 찜기에 평평히 담아 물이 끓는 냄비에 찜기를 올리고 20분간 찐다.

6-1. 떡이 익는 동안 팥앙금은 지름 1.5cm 정도로 빚어 준비한다.
❶ (Tip) 팥앙금 만들기는 재료 부분을 참고한다.

6-2.

7. 스테인리스 볼에 기름칠을 한다.

다 쪄진 떡은 색깔별로 기름칠한 스테인리스 볼에 넣고 표면이 매끈하도록 치댄다.

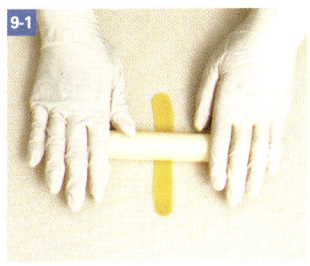

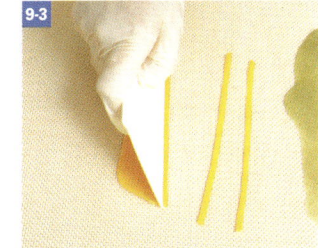

색떡은 아주 얇게 밀대로 평평하게 밀어준 뒤, 2mm 폭으로 길게 자른다.

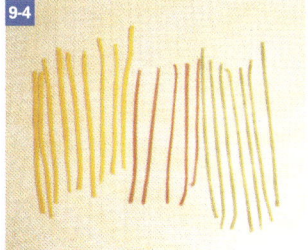
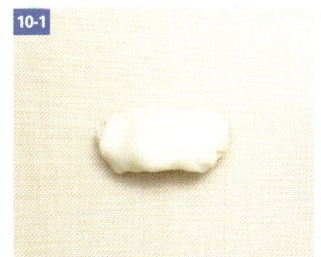
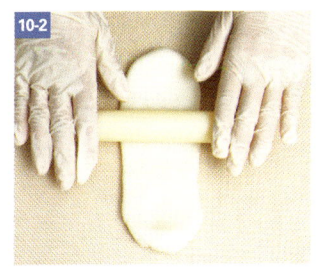

흰떡은 두께가 3mm 정도가 되게 밀대로 평평하게 민다.

조리법

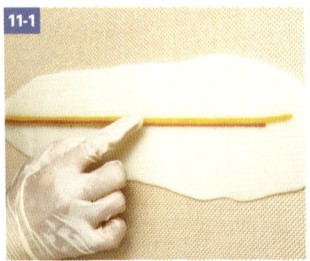

평평한 흰떡 위에 ❾번으로 3색띠를 붙여주고 밀대로 살짝 밀어 밀착시킨다.

3색띠가 있는 면을 아래로 향하도록 뒤집는다.

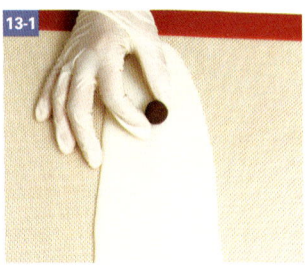

팥소를 떡반죽 중앙에 올린 다음 떡자락을 덮는다.

기름을 바른 모양틀로 반달모양이 되게 찍어낸다.

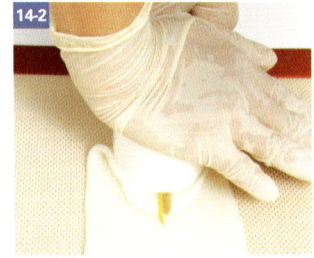

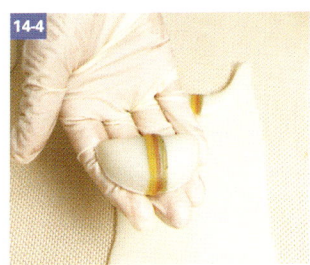 

앞뒷면에 기름을 골고루 바른다.

 1. ⓴번 작은컵을 이용하거나 다양한 모양틀로 꾸며도 된다.
2. 떡에 기름칠을 하면 떡이 굳는 시간을 지연시켜 준다.

고구마송편

고구마송편

속이 가든 찬 송편은 아이가 속이 알찬 사람이 되라는 의미를 담고 있다. 피로와 시력 회복에 좋은 고구마 소가 가득한 고구마 송편은 달콤한 맛과 앙증맞은 모양으로 더욱 맛있게 즐길 수 있다.

조리 난이도 상 **조리시간** 40분 (반죽 휴지시간 제외) **조리분량** 3인분
조리도구 스테인리스 볼, 찜기, 물솥

재료

멥쌀가루 200g, 자색고구마가루 5g, 소금 2g, 뜨거운 물 120g, 식용유 1T,
소 군고구마 80g, 설탕 30g, 계피가루 1/2t

조리법

멥쌀가루에 소금과 자색고구마 가루를 섞는다.

뜨거운 물을 넣고 한 덩어리가 되게 반죽한다.

반죽을 비닐봉지에 넣고 20분간 휴지시킨다.

소 만들기 군고구마에 설탕과 계피가루를 섞어 소를 만든다.
❶ (주의) 고구마는 수분이 적어야 떡 속에 넣어도 잘 터지지 않는다.

휴지시킨 반죽은 지름 4~5cm 크기로 소분한다.

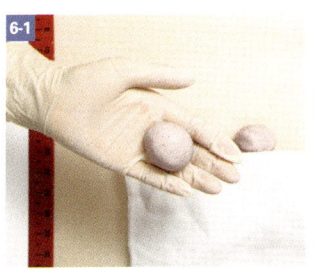 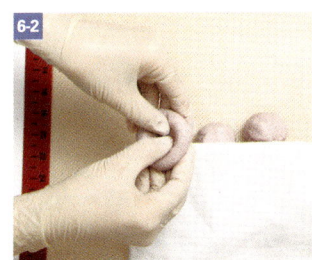 

반죽을 그릇 모양으로 만들어 군고구마 소를 넣고 둥글게 만든다.

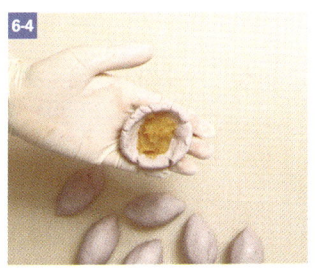 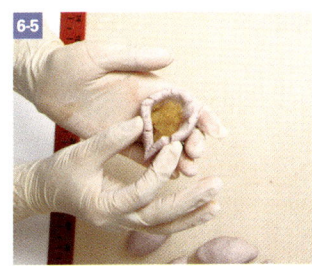 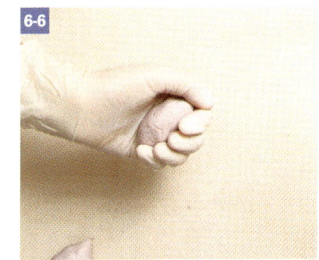

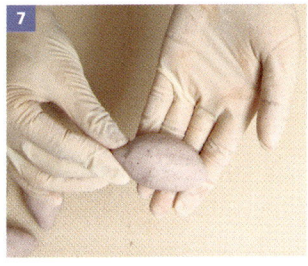 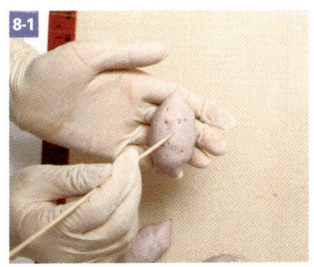 

조물조물하면서 공기를 뺀 다음 양쪽 끝부분을 뾰족하게 고구마 모양으로 만든다.

떡을 돌려가며 꼬지로 얇게 점을 찍어 모양을 만든다.

조리법

떡을 찜기에 담고 물이 팔팔 끓을 때 찜기를 올려서 20분간 찐다.
❶ **(주의)** 떡을 겹쳐서 찌게 되면 겹친 부분이 덜 익게 된다.

다 쪄진 떡은 차가운 물을 끼얹어 식힌다.

한 김 식히고 기름을 바른다.

조리
Tip!

1. ❿번 차가운 물을 떡에 끼얹으면 떡이 수축하면서 식감이 쫄깃해진다.
2. ⓫번 떡이 식기 전에 기름을 바르면 떡 표면이 굳지 않아서 붓 자국이 남게 된다.

모양송편

모양송편

추석을 대표하는 떡인 송편은 달모양으로 빚는다 하여 '달떡'이라고도 한다. 깨, 콩, 밤 등 소에 따라 다양한 송편 맛을 낼 수 있다. 여러 가지 색과 모양으로 개성 있는 송편을 만들어 보자.

조리 난이도 상 **조리시간** 60분 (반죽 휴지시간 제외) **조리분량** 3인분
조리도구 스테인리스 볼, 찜기, 물솥

재료

멥쌀가루 200g, 소금 2g, 차가운 물 110g, 찐 단호박 25g, 포도즙 15g, 쑥가루 3g, 식용유 2T, 참기름 ½T,
소 녹두고물 53g, 꿀 2T

조리법

멥쌀가루에 소금을 섞는다.

❶번을 50g씩 4등분 하고 흰반죽, 찐 단호박(25g), 포도즙(15g), 쑥가루(3g)를 각각 섞는다.

차가운 물을 각각 흰쌀가루(35g), 단호박쌀가루(15g), 포도쌀가루(20g), 쑥쌀가루(40g)에 넣어 한 덩어리가 되게 반죽한다. ❶ **(주의)** 물은 여러 번 나눠 넣으면서 흰쌀가루 반죽의 농도와 비슷하게 조절한다.

각각 비닐봉지에 넣고 20분간 휴지시킨다.

소 만들기 녹두고물에 꿀을 섞어 꾸덕꾸덕하게 소를 만든다.

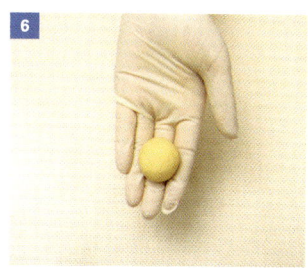

❶ **(Tip)** 꿀은 녹두고물의 상태에 따라 소가 질어 질수 있으니 조금씩 넣어가며 농도를 조절한다. 꿀 대신 같은 양의 설탕을 넣어도 된다.

휴지시킨 반죽은 지름 3cm(15~17g) 크기로 소분한다.

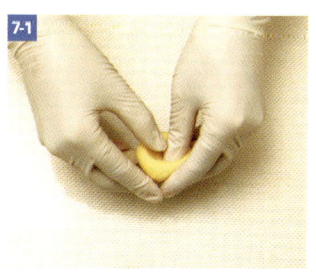
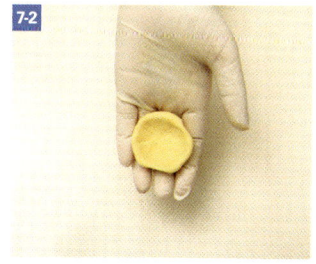
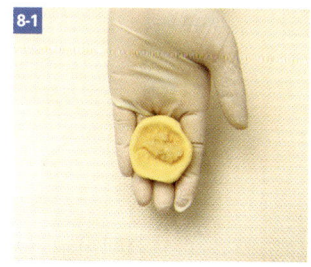

소분한 반죽은 엄지를 이용해 가운데 부분을 움푹하게 만든다.

녹두 소를 넣고 양방향에서 오무려 주고 조물조물하면서 공기를 뺀다.
❶ **(주의)** 소를 너무 많이 넣으면 모양 만들기가 어렵고 잘 터지게 된다.

조리법

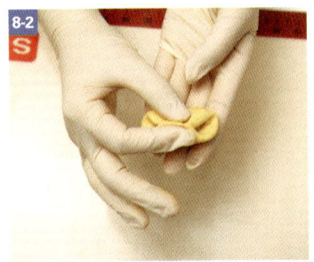
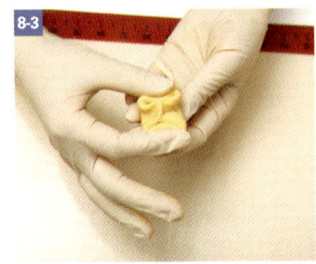
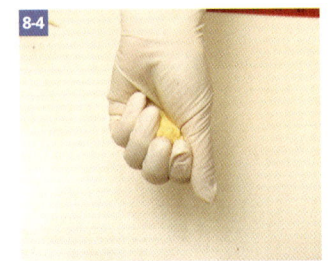

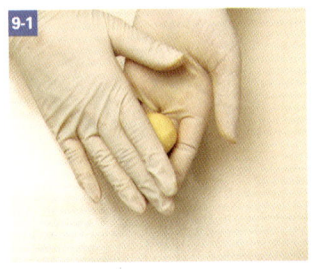
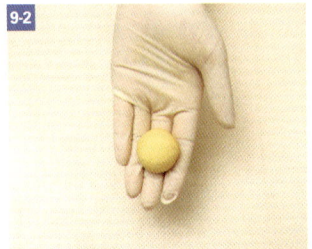
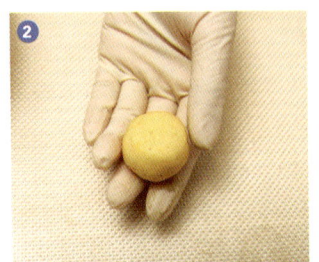

손바닥으로 굴려 표면이 매끈하고 둥근 모양으로 만든다.

꼬치를 이용하여 전체적으로 귤의 작은 구멍을 표현한다.

쑥반죽으로 꼭지를 만든다.

매화송편

① 반죽을 동글 납작하게 만든다.

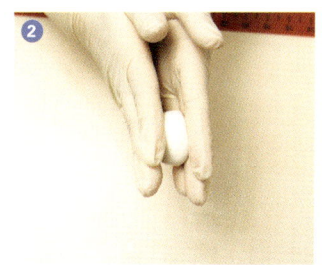

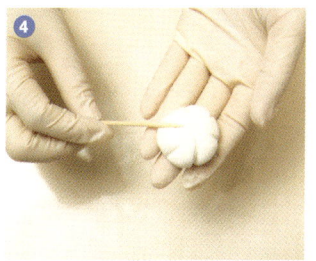

③ 선을 그을 부분을 서로 대칭되도록 미리 표시한다.

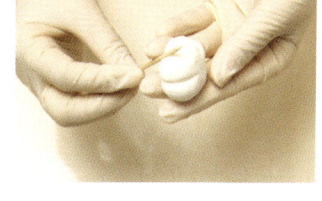

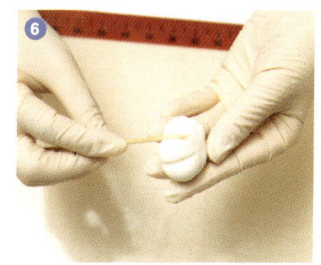

⑤ 미리 표시한 선을 따라 반죽 바닥 부분을 시작으로 반죽을 굴리면서 선을 만든다.

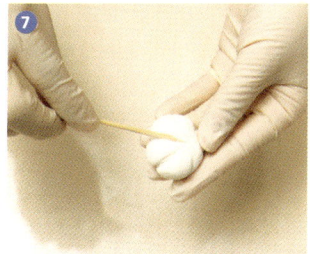

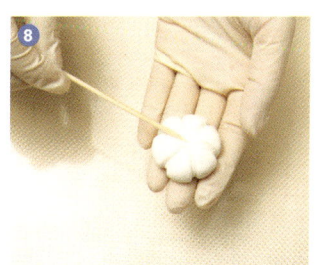

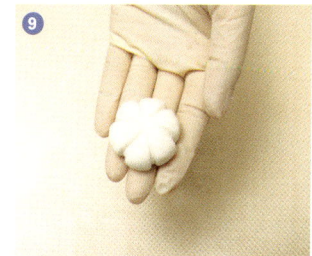

건식 쌀가루로 떡 만들기

조리법

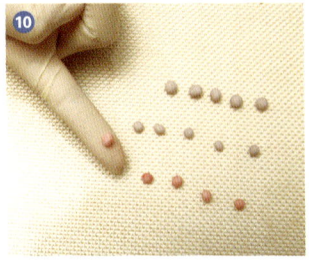
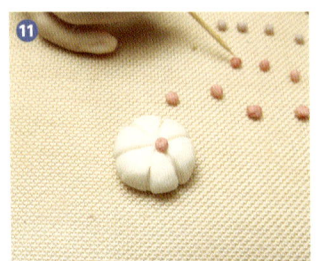

포도반죽으로 꽃잎을 만들고 5장을 가운데에 올린다.

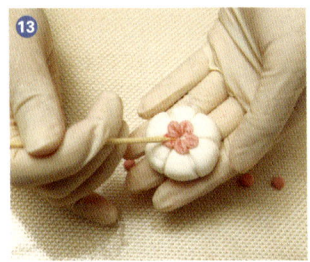

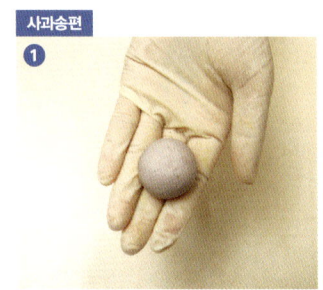

꼬지의 끝부분으로 꽃잎의 가운데 선을 만들고 호박반죽으로 수술을 올린다.

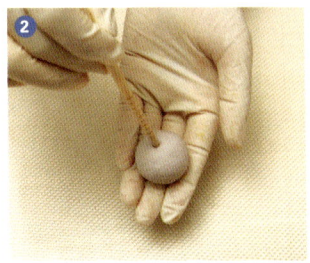
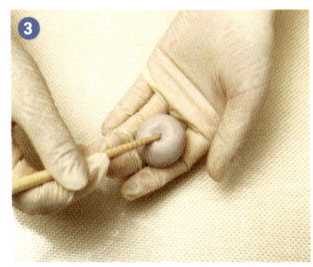
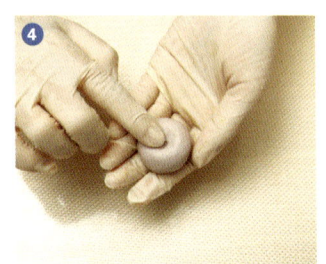

젓가락으로 꼭지 부분을 살짝 구멍을 만든다.

구멍 주변을 조금씩 넓혀서 사과꼭지가 들어갈 부분을 만든다.

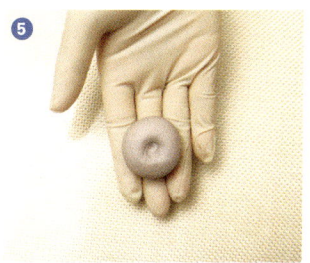
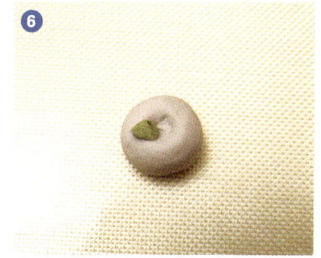

쑥 반죽으로 잎과 꼭지를 만들어 준다.

잎송편

꼬지를 이용해 잎사귀의 잎맥을 표시해준다.

살짝 납작하게 한 다음 잎사귀 모양으로 만든다.

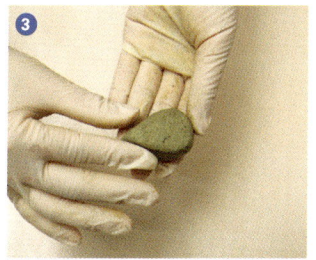
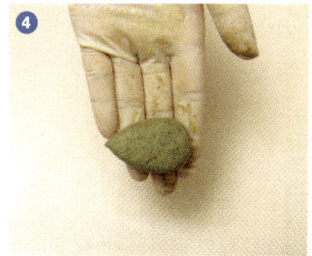
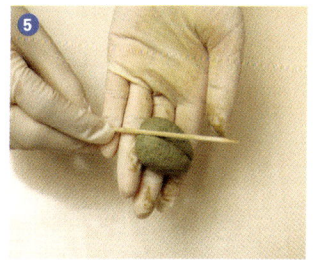

뒤쪽부터 잎사귀 끝부분 쪽으로 가운데 잎맥을 만든다.

건식 쌀가루로 떡 만들기

조리법

 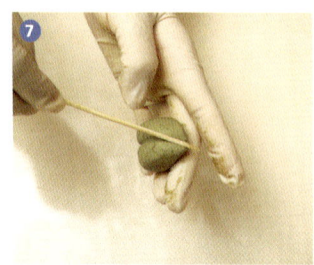 

가운데 잎맥을 시작으로 반죽을
굴리며 사선으로 잎맥을 만든다.

한 번 더 선을 선명하게 정리한다.

호박송편

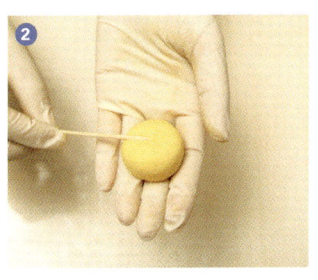
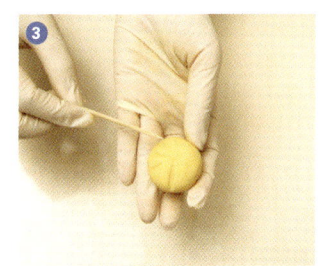

엄지로 살짝 눌러 납작하게 만든다.

호박 줄무늬 만들 부분을 미리 표시한다.

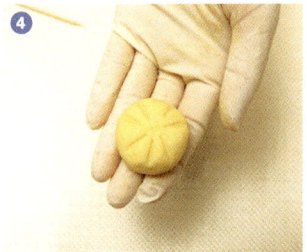
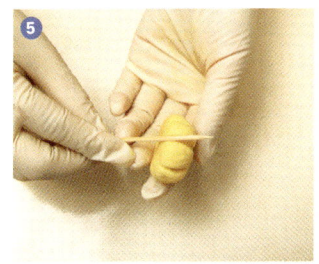
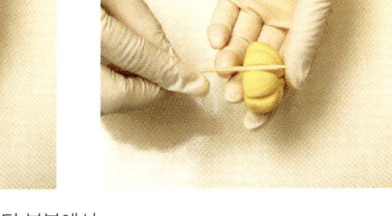

미리 표시한 선을 따라 호박 바닥 부분에서 시작해서 위쪽으로 선명하게 선을 만든다.
(Tip) 호박은 선이 비대칭으로 만들어야 자연스럽다.

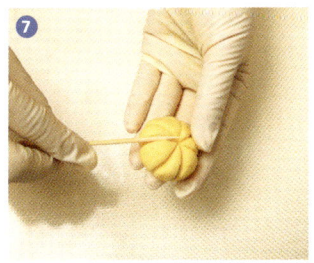

조리법

쑥 반죽으로 호박꼭지와 넝쿨을 만든다.

떡을 찜기에 담고 물이 팔팔 끓을 때 찜기를 올려서 20분간 찐다.
❶ **(주의)** 떡을 겹쳐서 찌게 되면 겹친 부분이 덜 익게 된다.

다 쪄진 떡은 차가운 물을 끼얹어 식힌다.

한 김 식히고 식용유와 참기름을 섞어서 골고루 바른다.

 1. 차가운 물을 끼얹으면 떡이 수축하면서 쫄깃해진다.
2. ❺번 소가 질게 되면 떡이 잘 터지게 되니 주의한다.
3. 깨소 : 통깨 5g, 간깨 5g, 콩가루 10g, 꿀 2T

손절편

손절편

절편은 멥쌀가루를 찌고 난 후 인절미처럼 떡메로 쳐서 쫄깃하게 만든 떡이다. 섞는 재료에 따라 쑥절편, 호박절편, 복분자절편 등이 있다.

조리 난이도 중 **조리시간** 40분 (반죽 휴지시간 제외) **조리분량** 4인분
조리도구 스테인리스 볼, 찜기, 물솥

재료

멥쌀가루 200g, 소금 2g, 차가운 물 145g, 찐 단호박 25g, 복분자액 15g,
쑥가루 2g, 식용유 2T

조리법

멥쌀가루에 소금을 골고루 섞는다.

❶번을 50g씩 4등분 하고 흰쌀가루, 찐 단호박(25g), 복분자액(15g), 쑥가루(2g)를 각각 섞는다.

차가운 물을 각각 흰쌀가루(40g), 단호박쌀가루(30g), 복분자쌀가루(25g), 쑥쌀가루(50g)에 넣어 반죽한다.

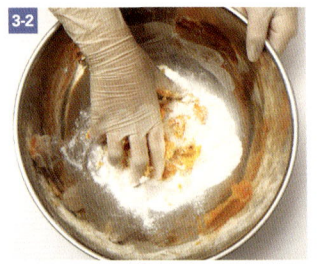
❶ (주의) 물은 여러 번 나눠 넣으면서 흰쌀가루 반죽의 농도와 비슷하게 조절한다.

반죽을 비닐봉지에 각각 넣고 20분간 휴지시킨다.

휴지시킨 반죽은 찜기에 평평히 담고 물이 끓는 냄비에 찜기를 올리고 20분간 찐다.

스테인리스 볼에 기름칠을 한다.

다 쪄진 떡은 색깔별로 기름칠한 스테인리스 볼에 넣고 표면이 매끈하도록 치댄다.

❶ **(Tip)** 떡을 스테인리스 볼에 치댈 때는 흰색-노란색-보라색-쑥색 순으로 하면 떡 색깔이 서로 덜 섞인다.

각각의 떡을 지름 4cm 굵기로 둥글고 길게 손으로 민다.

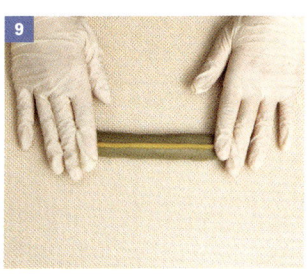

다른 색 떡을 가늘게 밀어서 띠를 만든다.

둥글고 길게 만든 떡은 폭 3cm 정도로 손끝을 앞뒤로 밀면서 자른다.

❶ **(주의)** 단번에 자르는 게 아니라 천천히 떡을 앞뒤로 굴리면서 잘라야 꼬리 모양이 생긴다.

가운데를 엄지를 이용해 오목하게 만든다.

건식 쌀가루로 떡 만들기

조리법

앞뒷면에 기름을 바른다.

조리 Tip!
1. 절편은 잼이나 시럽을 곁들이거나 구워 먹어도 맛있다.
2. 남은 절편은 냉동 보관하고, 떡볶이나 떡라면에 활용해도 좋다.

쑥갠떡

쑥갠떡

우리 몸에 활력을 주는 쑥으로 만든 쑥갠떡은 쑥이 자라는 봄에 연한 쑥을 삶아 멥쌀가루와 익반죽하여 둥글납작하게 빚은 후 쪄서 참기름을 발라 먹는 떡이다. 쑥가루를 이용하여 사계절 언제나 간편하게 쑥갠떡을 만들 수 있다.

조리 난이도 하 **조리시간** 40분 (반죽 휴지시간 제외) **조리분량** 3인분
조리도구 스테인리스 볼, 찜기, 물솥

재료

멥쌀가루 200g, 쑥가루 7g, 소금 2g, 설탕 25g, 뜨거운 물 130g,
식용유 2T, 참기름 ½T

조리법

멥쌀가루에 소금, 설탕을 골고루 섞는다.

뜨거운 물에 쑥가루를 섞는다.

❶에 쑥가루를 섞은 물을 넣고 한 덩어리가 되게 익반죽을 한다.
❗ (주의) 물은 여러 번 나눠서 넣으면서 질지 않고 말랑말랑할 정도로 조절한다.

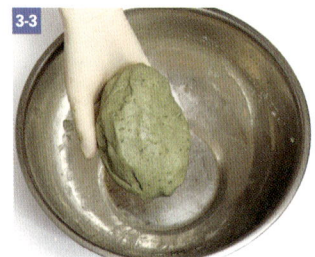

반죽을 비닐봉지에 넣고 20분간 휴지시킨다.

방법 1. 반죽을 밀대를 이용하여 두께 1cm 정도로 민 후 쿠키커터로 모양을 찍어낸다.

 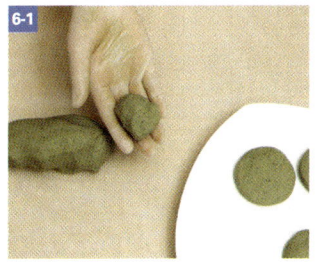 

방법 2. 반죽을 지름 6cm(30g) 정도로 둥글납작하게 모양을 만든다.
❶ **(Tip)** 비슷한 크기로 만들어야 익는 시간이 비슷하다.

 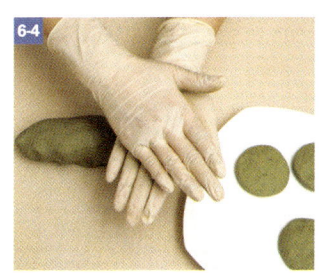 

찜기에 서로 겹치지 않게 담는다.
❶ **(주의)** 겹친 부분은 덜 익게 되니 여러 번 나눠 찐다.

물이 끓으면 찜기를 올리고 20분간 찐다.

조리법

다 쪄진 떡은 차가운 물을 끼얹어 식힌다.

❶ **(Tip)** 차가운 물로 식혀주면 떡이 수축하면서 쫄깃해진다.

한김 식히고 식용유와 참기름을 섞어서 바른다.

1. 단오에 먹는 쑥갠떡은 수레바퀴 모양의 떡살로 문양을 만들어 '차륜병'이라고도 한다. 이 떡을 먹으면 수레바퀴처럼 하는 일이 잘 굴러간다는 의미가 있다.
2. 쑥가루 대신 수리취가루, 모싯잎가루로도 응용할 수 있다.

알꿀떡

아이들이 좋아하는 꿀떡은 깨소를 절편으로 감싸서 만든 떡이다. 깨와 꿀 외에도 다양한 소를 넣어 여러 가지 맛의 꿀떡을 만들 수 있다.

조리 난이도 중　**조리시간** 40분 (반죽 휴지시간 제외)　**조리분량** 4인분
조리도구 스테인리스 볼, 찜기, 물솥

재료

멥쌀가루 200g, 소금 2g, 차가운 물 160g, 백련초가루 1t, 식용유 1t
소 통깨 5g, 간깨 5g, 콩가루 10g, 꿀 2T

조리법

멥쌀가루에 소금을 골고루 섞는다.

차가운 물 160g 넣고 반죽한다.
❶ (주의) 물은 여러 번 나눠서 넣으면서 반죽한다.

반죽을 비닐봉지에 넣고 20분간 휴지시킨다.

소 만들기 볶은 통깨와 간 깨, 콩가루를 섞고 꿀을 넣어 꾸덕꾸덕하도록 섞어서 소를 만든다.

❶ **(Tip)** 소가 질면 떡이 터지기 때문에 꿀은 조금씩 넣어가면서 농도를 조절한다.

휴지한 반죽은 찜기에 평평히 담고 물이 끓는 냄비에 찜기를 올리고 20분간 찐다.

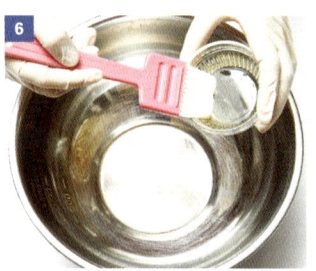
스테인리스 볼에 기름칠을 한다.

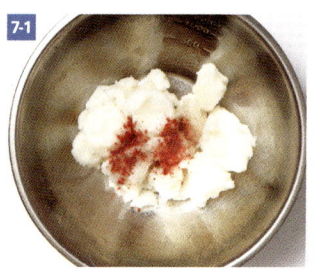
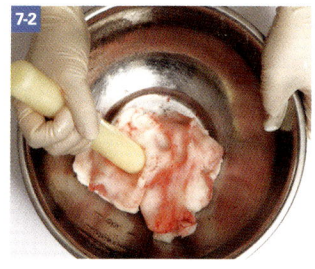
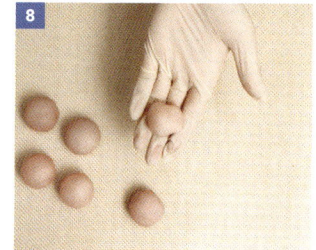

다 쪄진 떡은 기름칠한 스테인리스 볼에 백련초 가루와 함께 넣고 표면이 매끈하도록 치댄다.

❶ **(주의)** 백련초 가루는 떡을 찌고 난 뒤 섞어 줘야 색 변화가 없다.

지름 3cm 크기로 떡을 소분한다.

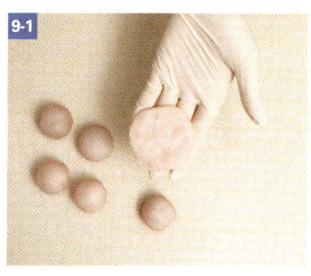

떡을 그릇 모양으로 만들고 준비한 소를 넣는다.

떡자락을 양쪽 측면에서 안쪽으로 집어서 소를 감싼다.

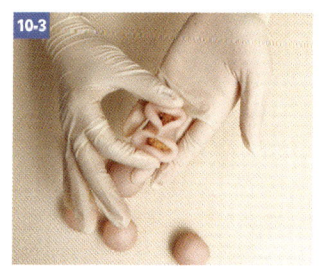
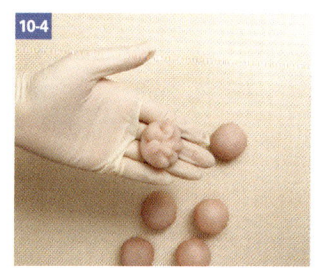

건식 쌀가루로 떡 만들기

조리법

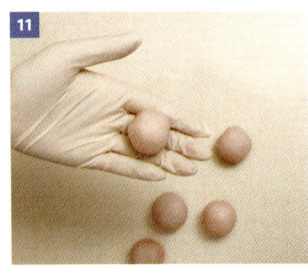
울퉁불퉁한 부분을 손바닥으로 굴려 동그랗게 만든다.

골고루 기름을 바른다.

조리 Tip!

1. ❹번 깨는 살짝 볶아서 사용하고 통깨만 해도 된다. 깨소에 콩가루를 섞어주면 맛의 풍미를 더해 준다.
2. ❼번 딸기가루나 복분자액은 떡을 찌기 전에 섞어도 색의 변형이 없다.

건강한 떡 만들기 주요 재료

쌀가루(멥쌀, 찹쌀)
유기 재배한 쌀을 건식으로 분쇄한 한살림 멥쌀가루와 무농약 찹쌀가루는 제조일로부터 1년 정도 상온 보관이 가능하다. 생찹쌀을 빻아 만든 찹쌀가루는 죽에 새알심을 만들거나 호박죽 등에 넣어 끓일 때는 그대로 사용하고, 부침이나 경단 등 다른 용도로 이용할 때는 물기를 적셔 20~30분 정도 지난(물에 불리는 효과) 후 촉촉한 상태에서 사용하면 된다. 김치를 담글 때 찹쌀풀 용도로 이용해도 좋다.

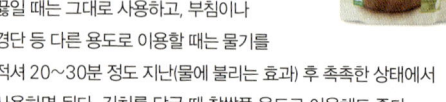

깐녹두
초록색 타원형인 녹두는 비타민과 칼슘이 많고, 차가운 성질을 가지고 있다. 주로 죽, 나물, 빈대떡, 청포묵 등을 만들어 먹는 녹두는 통녹두의 경우 껍질을 벗기기가 어려우니 깐녹두를 사용하면 한결 편리하다.

볶은 콩가루
우리땅에서 무농약으로 키운 메주콩을 볶은 뒤 정성껏 가루 내었다.

붉은팥
쌀에 부족한 비타민B1을 보충해주는 팥은 영양의 균형이 뛰어나다. 겉껍질에 영양분이 풍부해 죽, 고물, 앙금 등에 많이 쓰인다. 다른 잡곡보다 벌레가 잘 생기므로 반드시 냉장 보관이 필요하다.

쑥가루
햇쑥이 나오는 3월초부터 유기재배한 어린 쑥을 채취·건조하여 맛과 향이 부드럽다. 잘 선별된 쑥을 8번 반복 세척해 바람에 자연건조 후 다시 건조기에서 건조시켜 만든다. 간혹 사용하다가 쑥가루 안에서 솜처럼 보이는 물질이 생길 수 있는데, 이는 가루가 흔들리고 부딪히면서 자연스럽게 생긴 섬유질이므로 안심하고 먹어도 된다.

흑임자(검정깨)
섬유질, 칼슘, 비타민E가 풍부하며 주로 약용으로 많이 쓰이며 죽이나 다식, 양념으로도 쓰인다. 풍부하게 들어 있는 양질의 영양성분을 오롯이 몸으로 받아들이기 위해 검정깨를 볶은 후 갈아서 미숫가루처럼 물이나 음료에 타 먹거나, 찜통에 찐 후 빻아서 꿀을 조금 넣고 개어 환으로 만든 후 먹기도 한다. 여름철에는 검정깨를 냉장 보관하는 게 좋다.

고구마
섬유질, 비타민, 베타카로틴이 풍부한 알칼리성 식품으로 맛과 영양이 뛰어난 고구마는 저장 중에 전분이 당분으로 바뀌어 고구마의 단맛을 더해준다. 쪄먹거나 튀김으로 먹어도 좋고, 기름기 없이 노릇노릇하게 구우면 고구마의 제맛을 느낄 수 있다. 추위에 약하기 때문에 추운 곳에 보관하거나 냉장 보관하면 얼어서 썩을 염려가 있으니 반드시 서늘하고 바람이 잘 통하는 상온에 보관해야 한다.

밤
화학비료와 농약, 제초제를 전혀 사용하지 않고 친환경 액비로만 방제하여 믿고 먹을 수 있는 한살림 밤은 비타민 C가 듬뿍 담겨 있으며 영하 2℃로 저온 숙성하여 자연적인 후숙을 거쳐 단맛이 더 좋다. 시원하게 보관하며 생률로 먹어도 좋고, 삶아서 간식으로 먹어도 좋다. 한살림 밤은 친환경으로 재배하고 훈증처리 하지 않아 쉽게 벌레가 생길 수 있으니, 꼭 냉장 보관하고 가능한 빨리 먹는 게 좋다.

건대추

복조 품종의 대추는 알이 굵고 당도가 높아 건과용으로 이용하기 좋다. 노화방지에 도움을 준다고 알려진 비타민(A, B, C)이 풍부하게 함유되어 있으며 베타카로틴을 함유하고 있어 몸 속의 유해 활성산소를 줄여준다. 알이 작은 것이 특징이며 흔히 '약대추'라고 불리는 토종 대추는 빨갛게 익으면 단맛이 나며 향이 짙다. 알이 작아 차로 먹거나 삼계탕을 만들 때 넣으면 좋다.

홍삼절편

농약 없이 키운 6년근 홍삼을 사용해 만들었다. 한살림 꿀 작목반이 키우고 한살림에서 공급하는 안전한 벌꿀과 유기농 설탕을 넣어서 만들었다.
6년근 홍삼(50%)에 꿀(25%)과 유기농 설탕(25%)을 넣고 72시간 동안 수분함량이 60%가 되도록 조린 후 다시 수분함량이 14% 미만이 될까지 건조한 홍삼절편은 휴대하고 다니면서 수시로 1~2편씩 씹어 먹거나 따뜻한 물에 타서 먹으면 좋다.

단호박

풍부한 섬유질에 각종 미네랄, 비타민이 가득한 단호박은 맛과 영양이 좋아 남녀노소 간식이나 건강식으로 두루 좋다. 복잡한 조리 없이 찜통에 찌기만 해도 훌륭한 간식이 되고, 얇게 잘라 미강유에 부쳐 먹어도 좋다. 감자나 고구마처럼 통째로 쪄서 잘라 먹거나, 먹기 좋게 잘라 전자레인지에 익혀 먹거나 떡, 죽, 밥 등에 다양하게 활용할 수 있다. 단호박은 전분이 당분으로 변하는 성질을 가진 농산물로 품종에 따라 차이는 있지만 수확 후 15~30일 정도 후숙해 먹으면 당분 함량이 높아져 맛이 더욱 좋다. 이렇게 전분이 당분으로 변하는 대표적인 농산물로는 고구마, 밤 등이 있다.

깐호두

호두는 양질의 단백질을 함유하고 있어 영양이 풍부하며 필수 지방산인 리놀레산을 비롯한 불포화지방산을 많이 함유하고 있어 콜레스테롤 수치를 낮춰 주고 두뇌 건강과 피부 노화방지, 심장병 예방에 좋다고 알려져 있다. 껍질을 벗긴 깐호두는 공기에 노출되어 있어 껍질째 있는 호두보다 더욱 빨리 변질될 수 있으니 가급적 빨리 소비하고, 반드시 냉장 보관해야 한다.

볶은참깨

우리 땅에서 자란 귀한 국산 참깨를 고르고 깨끗하게 씻어 정성껏 볶은 참깨로, 고유의 향이 좋으며 맛이 고소해 볶음, 무침, 나물 등의 요리는 물론 떡 요리에 사용하면 고소함을 더해준다. 통깨 그대로 이용하거나 필요한 만큼 빻아서 이용하면 된다.

마율무차

국산 잡곡(율무, 검정콩)과 국산 견과류(땅콩, 마, 잣, 호두, 옥수수)로 만들어 포만감을 주는 곡물차이다. 경단이나 찰떡에 간편하게 이용할 수 있다.

벌꿀

한살림 벌꿀은 항생제를 사용하지 않고, 인위적인 농축 없이 벌꿀의 함유된 수분 함량을 19~20%로 생산한 자연 그대로의 천연벌꿀이다. 아카시아꿀은 색이 맑고 투명하며 향이 좋은 아카시아꿀 본연의 맛을 즐기실 수 있으며, 6월 초에서 7월 사이 야생의 다양한 꽃들에서 채밀한 잡화꿀은 색이 진하고 잡화꿀만의 고유의 향기가 특색 있으며 여러 종류의 꽃에서 채밀하여 다양한 영양 성분이 함유되어 있다. 벌꿀을 냉장고에 보관하면 습기와 이취가 흡입될 수 있으며, 포도당의 결정이 촉진될 수 있다. 숟가락 등에 의한 이물질이나 물기가 병 속에 들어가지 않게 주의가 필요하다. 꿀이 굳었을 때는 50~60℃ 정도의 미지근한 물에 담그거나 따뜻한 아랫목 같은 곳에 놓아두면 서서히 부드럽게 풀린다.

건식 쌀가루로
떡 만들기

1판 1쇄 2019년 10월 25일
1판 2쇄 2022년 8월 2일

지은이	이준원
요리	성지영
사진	TQTQ STUDIO
펴낸곳	도서출판한살림
펴낸이	윤형근
책임편집	장순철
편집	곽은희
디자인	더디앤씨 www.thednc.co.kr

출판신고	2008년 5월 2일 제2015-000090호
주소	(우 06732) 서울특별시 서초구 서운로 19, 4층
전화	02-6931-3612
팩스	0505-055-1986
누리집	www.salimstory.net
전자우편	story@hansalim.or.kr

ⓒ도서출판한살림 2019

ISBN 9791190405010 13590

- 이 책 내용의 일부 또는 전부를 재사용하려면 반드시 저작권자와 도서출판한살림 양측의 동의를 받아야 합니다.
- 잘못된 책은 구입하신 곳에서 바꾸어드립니다.
- 책값은 뒤표지에 있습니다.

이 도서의 국립중앙도서관 출판예정도서목록(CIP)은 서지정보유통지원시스템 홈페이지(http://seoji.nl.go.kr)와 국가자료종합목록 구축시스템(http://kolis-net.nl.go.kr)에서 이용하실 수 있습니다. (CIP제어번호 : CIP2019041225)